Ktieb ta' Paleo 2023

Riċetti tal-ikel naturali għall-ħajja moderna

Max Farrugia

Werrej

Kustilji tat-trabi affumikati bi Zalza Mopa tat-Tuffieħ-Mustarda..8

Kustilji 8

Dip   8

Kustilji tal-majjal tal-BBQ moħmija b'insalata tal-ananas friska..11

stew tal-majjal pikkanti 13

Goulash 13

Kaboċċa...13

Zalzett Taljan Meatball Marinara Bil Flieli Bużbież U Basla Sauteed 15

għaġina...15

Marinara...15

Dgħajjes Zucchini mimlijin bil-majjal bil-ħabaq u l-ġewż tal-arżnu...............................17

Curried Pork Ananas Noodle Bowls bil-Ħalib tal-Coconut u Ħwawar.............................19

Patties pikkanti tal-majjal Grilled b'insalata tal-ħjar pikkanti...21

Zucchini Crust Pizza bil-Pesto tat-Tadam Imnixxef fix-Xemx, Bżar Ħelu, u Zalzett
Taljan 23

Sieq tal-ħaruf affumikata bil-lumi u kosbor ma' asparagu grilled 26

Ħaruf Hot Pot..28

Ħaruf Braised bit-taljarini tal-għerq tal-karfus...30

Chops tal-ħaruf biz-zalza tar-rummien pikkanti u t-damal...32

Chutney..32

Chops tal-ħaruf...32

Chops tal-Flett tal-Ħaruf Chimichurri bil-Kaboċċa tar-Radikjo Salt.................................34

Chops tal-ħaruf Ifrex Ancho u Sage b'Remoulade ta' Karrotti u Patata Ħelwa.............36

Burgers tal-ħaruf mimlijin mill-ġnien bil-coulis tal-bżar aħmar.......................................38

coulis tal-bżar aħmar...38

Burgers...38

Skewers tal-ħaruf b'oregano doppju u zalza tzatziki 41

skewers tal-ħaruf..41

zalza tzatziki..41

Tiġieġ Inkaljat biż-Żagħfran u l-Lumi...43

Tiġieġ Spatchcocked bl-Insalata Jicama...45

Tiġieġ 45

3

Insalata tal-kaboċċi 45

Tiġieġ mixwi ta' wara bil-vodka, karrotti u zalza tat-tadam 48

Poulet Rôti u Rutabaga Frites 50

Coq au Vin bi tliet faqqiegħ bil-pure ta' rutabagas u ċassa 52

Drumsticks Glazed Brandy-Hawħ 54

Glaze Brandy tal-Hawħ 54

Ċili Tiġieġ Immarinat bil-Mango u l-Insalata tal-Bettieħ 56

Tiġieġ 56

Insalata 56

Koxox tat-tiġieġ stil Tandoori b'raita tal-ħjar 59

Tiġieġ 59

Hjar Raita 59

Curry tat-Tiġieġ Braised b'Hxejjex tal-Għeruq, Asparagu, u Relish tat-Tuffieħ Aħdar Mint 61

Insalata Paillard tat-Tiġieġ Grilled bil-lampun, il-pitravi u l-lewż mixwi 63

Sider tat-tiġieġ mimli brokkoli bi zalza tat-tadam friska u insalata Caesar 66

Tiġieġ Grilled Shawarma Wraps bil-Hxejjex Hwawar u Dressing tal-Ġewż tal-Arżnu 68

Sider tat-tiġieġ moħmi bil-faqqiegħ, pastard maxx tat-tewm u asparagu inkaljat 70

Soppa tat-tiġieġ stil Tajlandiż 72

Tiġieġ Grilled Lemon and Sage with Escarole 74

Tiġieġ biċ-ċavella, krexxuni u ravanell 77

Tiġieġ Tikka Masala 79

Koxox tat-tiġieġ Ras el Hanout 82

Koxox tat-tiġieġ fl-immarinar tal-karambola fuq spinaċi braised 84

Kaboċċi Poblano u Tacos tat-Tiġieġ bi Mayonnaise Chipotle 86

Stew tat-tiġieġ b'Znnarija tat-trabi u Bok Choy 88

Tiġieġ Hawwad Fry mal-anakardju u l-laринġ u l-bżar ħelu fuq wraps tal-ħass 90

Tiġieġ Vjetnamiż bil-Coconut u Lemongrass 92

Insalata Grilled Chicken u Apple Escarole 95

Soppa tat-Tiġieġ Toskana bi Żigarelli Kale 97

Tiġieġ Larb 99

Burgers tat-tiġieġ bi Zalza tal-anakardju Szechwan 101

Zalza tal-anakardju Szechwan 101

garżi tat-tiġieġ Tork 103

Tiġieġ tal-Cornish Spanjoli 105

Sider tal-Papra bi Granada u Insalata Jicama 108

Dundjani mixwi bil-puree tal-għeruq tat-tewm... 110

Sider tad-dundjan mimli bil-Pesto Sauce u Rocket Salad.............................. 113

Sider tad-dundjan bil-ħwawar ma' Cherry BBQ Sauce.................................. 115

Flett tad-dundjan imsajjar tal-inbid.. 117

Sider tad-dundjan imqatta' biċ-chive sauce u gambli 120

Turkija Braised bil-Ħxejjex tal-Għeruq 122

Ħxejjex tal-Laħam tad-dundjan bil-Ketchup tal-Basal Caramelized u l-Ketchup tal-
Kaboċċa Inkaljata.. 124

posole tad-dundjan 126

Brodu tal-għadam tat-tiġieġ... 128

Salamun Harissa Aħdar... 131

Salamun 131

Harissa.. 131

Żrieragħ tal-ġirasol bil-ħwawar... 131

Insalata... 132

Salamun grilled ma insalata tal-qalb tal-qaqoċċ immarinat......................... 135

Salamun Instant Pot Inkaljat Chili Sage b'Salsa tat-Tadam Aħdar............... 137

Salamun 137

zalza tat-tadam ħadra 137

Salamun Inkaljat u Asparagu f'Papillote bil-Lumi u Pesto Ġellewż.............. 140

Salamun imħawwar bi zalza tal-faqqiegħ u tuffieħ 142

Sole en Papillote bil-Ħxejjex Julienne.. 145

Tacos tal-Pesto tal-Arugula bil-Krema tal-Ġir Affumikata............................ 147

Pakketti tal-Merluzz Grilled u Zucchini bi Zalza Pikkanti Mango Basile.................... 150

Riesling Poached Merluzz bit-Tadam Mimli Pesto 152

Merluzz grilled bil-qoxra tal-pistaċċi u kosbor fuq purè tal-patata ħelwa 154

Merluzz bil-Klin u Tangerine bil-Brokkli Inkaljat 156

Wraps tal-Ħass tal-Merluzz bil-Kuri bir-Ravanell Pickled............................. 158

Haddock Inkaljat bil-Lumi u l-Bużbież.. 160

Walnut Crusted Snapper b'Remoulade u Cajun Okra u Tadam....................... 162

Empanadas tat-Tonn bit-Tarragon bl-Avokado u l-Lumi Alioli...................... 164

Striped Bass Tagine 167

bouillabaisse tal-frott tal-baħar... 169

5

Ceviche Klassiku tal-Gambli 171

Insalata tal-gambli bil-qoxra tal-ġewż u l-ispinaċi 174

Ceviche tal-gambli u l-arzell tropikali.. 176

Gambli Tewm bl-Ispinaċi Mnixba u Radicchio 178

Insalata tal-Granċi bl-Avokado, Grejpfrut, u Jicama.. 180

Denb tal-Awwista Mgħolli Cajun b'Ajoli Tarragon 182

Maskli moqli bl-aioli taż-żagħfran.. 184

frites tal-pasnip.. 184

ajoli taż-żagħfran 184

il-maskli 184

Arzell maħruq biz-zalza tal-pitravi 187

Scallops Grilled bil-Ħjar Dill Zalza 190

Arzell grilled bit-tadam, żejt taż-żebbuġa u zalza tal-ħxejjex............................ 192

Scallops u Zalza.. 192

Insalata.. 192

Pastard Inkaljat bil-Kumun bil-Bużbież u l-Basal tal-Perla............................... 194

Zalza chunky tat-tadam u l-brunġiel bi spaghetti squash 196

Faqqiegħ Portobello Mimli... 198

radicchio inkaljat 200

Bużbież Inkaljat bil-Vinaigrette Oranġjo.. 201

Kaboċċa savoy stil Punġabi 204

Butternut Squash Inkaljat bil-Kannella... 206

Asparagu grilled bil-bajd mgħarbel u l-ġewż 207

Crispy Slaw bir-Ravanell, Mango, u Mint... 209

Il-Kaboċċa Inkaljata tal-Ħlewwa tal-Lumi 210

Kaboċċa Inkaljata b'Drizzle Oranġjo u Balsamiku 211

KUSTILJI TAT-TRABI AFFUMIKATI BI ZALZA MOPA TAT-TUFFIEĦ-MUSTARDA

GHADDAS:Siegħa mistrieħ: 15-il minuta tipjip: 4 sigħat tisjir: 20 minuta rendimenti: 4 porzjonijietRITRATT

IT-TOGHMA RIKKA U N-NISĠA TAL-LAHAM.TA 'KUSTILJI AFFUMIKATI JITLOB XI ĦAĠA FRISKA U TQARMEĊ LI JMORRU MAGĦHA. KWAŻI KULL INSALATA SE TAGHMEL, IŻDA INSALATA TAL-BUŻBIEŻ (ARARIĊETTAU FIR-RITRATTHAWN), HIJA SPEĊJALMENT TAJBA.

KUSTILJI

8 sa 10 biċċiet ta 'injam tat-tuffieħ jew ġewż

3 sa 3½ liri kustilji tad-dahar tat-trabi

¼ tazza ħwawar affumikat (arariċetta)

DIP

1 tuffieħ medju tat-tisjir, imqaxxar, bil-qalba u mqatta' rqiq

¼ tazza basla mqatta

¼ tazza ilma

¼ tazza ħall tas-sidru

2 imgħaref mustarda stil Dijon (arariċetta)

2 sa 3 imgħaref ilma

1. Mill-inqas siegħa qabel it-tisjir tad-duħħan, xarrab laqx tal-injam f'ilma biżżejjed biex tkopri. Ixxotta qabel tuża. Ittrimmja xaħam viżibbli mill-kustilji. Jekk meħtieġ, neħħi l-membrana rqiqa minn wara tal-kustilji. Poġġi l-kustilji fi skillet kbir baxx. Roxx indaqs bit-taħwir tad-duħħan; Togħrok bis-swaba. Ħallih joqgħod f'temperatura tal-kamra għal 15-il minuta.

2. F'persuna li tpejjep, poġġi faħam imsaħħan minn qabel, laqx tal-injam imsaffi, u taġen tal-ilma skont l-istruzzjonijiet tal-manifattur. Ferra l-ilma fit-taġen. Poġġi l-kustilji, bil-ġenb tal-għadam 'l isfel, fuq il-grill fuq taġen tal-ilma. (Jew poġġi l-kustilji fuq xtilliera tal-kustilji; poġġi l-kustilji fuq il-grill.) Għatti u duħħan għal sagħtejn. Żomm temperatura ta' madwar 225°F fil-persuna li tpejjep il-ħin kollu li tkun qed tpejjep. Żid aktar faħam u ilma kif meħtieġ biex iżżomm it-temperatura u l-umdità.

3. Sadanittant, għall-mop sauce, f'kazzola żgħira għaqqad il-flieli tat-tuffieħ, il-basla, u ¼ tazza ilma. Ħallih jagħli; naqqas is-sħana. Ttektek, mgħotti, għal 10 sa 12-il minuta jew sakemm il-flieli tat-tuffieħ ikunu fermi ħafna, waqt li ħawwad kultant. Ħallih jiksaħ ftit; ittrasferixxi t-tuffieħ u l-basla mhux imsoffi f'food processor jew blender. Għatti u ipproċessa jew ħallat sakemm tkun lixxa. Erġa' lura l-puree fil-kazzola. Żid il-ħall u l-mustarda stil Dijon. Sajjar fuq nar medju-baxx għal 5 minuti, ħawwad kultant. Żid 2 sa 3 imgħaref ilma (jew aktar kif meħtieġ) biex iż-zalza tkun il-konsistenza ta' vinaigrette. Aqsam iz-zalza fi terzi.

4. Wara sagħtejn, aħsel il-kustilji b'ġenerożità b'terz tal-mop sauce. Għatti u duħħan siegħa oħra. Erġa' xkupilja b'terz ieħor tal-mop sauce. Kebbeb kull biċċa kustilji f'fojl tqil u poġġi l-kustilji lura fil-persuna li tpejjep, poġġihom fuq xulxin jekk meħtieġ. Għatti u duħħan għal siegħa oħra sa siegħa u nofs jew sakemm il-kustilji jkunu sħan. *

5. Ħoll il-kustilji u xkupilja bit-terz li jifdal tal-mop sauce. Aqta' l-kustilji bejn l-għadam biex isservi.

* Tip: Biex tittestja t-tenerezza tal-kustilji, neħħi bir-reqqa l-fojl minn waħda mill-pjanċi tal-kustilji. Neħħi ċ-ċangatura tal-kustilja b'par ta 'pinna, u żżomm iċ-ċangatura mill-kwart ta' fuq taċ-ċangatura. Aqleb il-kustilja biex in-naħa tal-laħam tkun tħares 'l isfel. Jekk il-kustilji jkunu offerti, iċ-ċangatura għandha tibda taqa 'barra meta titneħħa. Jekk ma tkunx delikata, erġa' gabbebha fil-fojl u kompli affumikat il-kustilji sakemm ikunu teneri.

KUSTILJI TAL-MAJJAL TAL-BBQ MOHMIJA B'INSALATA TAL-ANANAS FRISKA

XOGHOL TAD-DAR:20 minuta sajjar: 8 minuti bake: 1 siegħa 15 minuta rendiment: 4 porzjonijiet

IL-KUSTILJI ŻEJDA TA' STIL TA' PAJJIŻ HUMA LAHAM,IRHAS, U JEKK JIĠU TTRATTATI L-MOD IT-TAJJEB, BHAL TTEKTEK U TISJIR BIL-MOD F'HAFNA ZALZA BBQ, IRATTAB GHAL PUNT TA 'TIDWIB.

2 liri spare kustilji bla għadam stil pajjiż

¼ kuċċarina bżar iswed

1 tablespoon żejt tal-ġewż raffinat

½ tazza meraq tal-lariġ frisk

1½ tazza zalza BBQ (ara riċetta)

3 tazzi kaboċċa ħadra u/jew ħamra mqatta

1 tazza karrotti maħkuk

2 tazzi ananas imqatta' fin

⅓ tazza vinaigrette taċ-ċitru qawwi (ara riċetta)

Zalza BBQ (ara riċetta) (Mhux obbligatorju)

1. Saħħan minn qabel il-forn għal 350 ° F. Roxx il-majjal bil-bżar. Fi skillet kbir żejjed, saħħan iż-żejt tal-ġewż fuq nar medju-għoli. Żid il-kustilji tal-majjal; sajjar 8 sa 10 minuti jew sakemm tismar, dawwar għal kannella uniformi. Poġġi l-kustilji f'dixx tal-ħami rettangolari ta' 3 kwarti.

2. Għaż-zalza, żid il-meraq tal-lariġ fit-taġen, ħawwad biex tobrox xi bits kannella. Żid il-1½ kikkra BBQ sauce. Ferra iz-zalza fuq il-kustilji. Aqleb il-kustilji biex iksi biz-zalza (jekk meħtieġ, uża xkupilji tal-għaġina biex tfarrak iz-zalza

fuq il-kustilji). Għatti d-dixx tal-ħami sewwa bil-fojl tal-
aluminju.

3. Aħmi kustilji għal siegħa. Neħħi l-fojl u xkupilja l-kustilji biz-
zalza minn dixx tal-ħami. Aħmi madwar 15-il minuta oħra
jew sakemm il-kustilji jkunu teneri u kannella dehbi u z-
zalza tkun ħxuna ftit.

4. Sadanittant, għall-insalata tal-ananas, għaqqad il-kaboċċi, il-
karrotti, l-ananas u l-vinaigrette taċ-ċitru qawwi. Għatti u
friġġ sakemm isservi.

5. Servi l-kustilji bl-insalata u, jekk mixtieq, zalza BBQ
addizzjonali.

STEW TAL-MAJJAL PIKKANTI

XOGĦOL TAD-DAR:20 minuta kok: 40 minuta rendiment: 6 porzjonijiet

DAN ISTUFFAT STIL UNGERIŻ HUWA SERVUTFUQ SODDA TA 'KABOĊĊI IQARMEĊ, BILKEMM NIXFU GĦAL IKLA TA' DIXX WIEĦED. GĦAFFEĠ IŻ-ŻERRIEGĦA TAL-ĦLEWWA F'MEHRIEŻ U LIDA JEKK GĦANDEK ID HANDY. JEKK LE, GĦAFFEĠHOM TAĦT IN-NAĦA WIESGĦA TA 'SIKKINA TAL-KOK BILLI TAGĦFAS BIL-MOD 'L ISFEL FUQ IS-SIKKINA B'PONN TIEGĦEK.

GOULASH

1½ libbra majjal mitħun

2 tazzi bżar ħelu aħmar, oranġjo u/jew isfar imqatta'

¾ tazza basla ħamra mqatta' fin

1 ċilju aħmar frisk frisk, miżrugħ u mqatta' fin (ara_tilt_)

4 kuċċarini taħwir affumikat (ara_riċetta_)

1 kuċċarina żerriegħa tal-ħlewwa, imfarrak

¼ kuċċarina marjoram mitħun jew oregano

1 14-uqija jista 'ebda melħ miżjud tadam imqatta', mhux imsaffi

2 imgħaref ħall tal-inbid aħmar

1 tablespoon qoxra tal-lumi maħkuka fin

⅓ tazza tursin frisk imqatta'

KABOĊĊA

2 imgħaref żejt taż-żebbuġa

1 basla medja, imqatta'

1 kaboċċa ħadra jew vjola, bil-qalba u mqatta' rqiqa

1. Għall-goulash, f'forn kbir Olandiż sajjar majjal mitħun, bżar qampiena, u basla fuq nar medju-għoli għal 8 sa 10 minuti jew sakemm il-majjal ma jibqax aktar roża u l-ħxejjex ikunu teneri u iqarmeċ, ħawwad b'kuċċarina tal-injam. . biex tkisser il-laħam. Ixxotta x-xaħam. Naqqas is-sħana

għal baxx; żid iċ-Ċilì aħmar, tħawwir bl-affumikazzjoni, żerriegħa tal-ħlewwa, u marjoram. Għatti u sajjar għal 10 minuti. Żid tadam mhux imsaffi u ħall. Ħallih jagħli; naqqas is-sħana. Ttektek, mgħotti, għal 20 minuta.

2. Sadanittant, għall-kaboċċi, fi skillet extra-kbira, saħħan iż-żejt fuq sħana medja. Żid il-basla u sajjar sakemm jirtab, madwar 2 minuti. Żid il-kaboċċi; ħawwad biex tgħaqqad. Naqqas is-sħana għal baxx. Sajjar madwar 8 minuti jew sakemm il-kaboċċa tkun delikata, ħawwad kultant.

3. Biex isservi, poġġi ftit mit-taħlita tal-kaboċċi fuq platt. Top bil-goulash u ferrex bil-qoxra tal-lumi u t-tursin.

ZALZETT TALJAN MEATBALL MARINARA BIL FLIELI BUŻBIEŻ U BASLA SAUTEED

XOGĦOL TAD-DAR:30 minuta sajjar: 30 minuta sajjar: 40 minuta Rendiment: 4 sa 6 porzjonijiet

DIN IR-RIĊETTA HIJA EŻEMPJU RARITA' PRODOTT FIL-LANED LI JAĦDEM TAJJEB DAQS, JEKK MHUX AĦJAR, MILL-VERŻJONI FRISKA. SAKEMM MA JKOLLOKX TADAM LI HUWA MISJUR ĦAFNA, ĦAFNA, MA JKOLLOKX KONSISTENZA TAJBA F'ZALZA BIT-TADAM FRISK DAQS KEMM TISTA' BIT-TADAM FIL-LANED. KUN ŻGUR LI TUŻA PRODOTT MINGĦAJR MELĦ MIŻJUD, U AĦJAR, ORGANIKU.

GĦAĠINA

2 bajd kbar

½ tazza dqiq tal-lewż

8 sinniet tat-tewm ikkapuljat

6 imgħaref inbid abjad niexef

1 tablespoon paprika

2 kuċċarini bżar iswed

1 kuċċarina żerriegħa tal-bużbież, imfarrak ħafif

1 kuċċarina oregano imnixxef, imfarrak

1 kuċċarina sagħtar imnixxef, imfarrak

¼ sa ½ kuċċarina bżar cayenne

1½ libbra majjal mitħun

MARINARA

2 imgħaref żejt taż-żebbuġa

2 bottijiet ta' 15-il uqija tadam mgħaffeġ mingħajr melħ jew bott wieħed ta' 28 uqija tadam mgħaffeġ mingħajr melħ miżjud

½ tazza ħabaq frisk imqatta'

3 bozoz tal-bużbież medji, imqattgħin bin-nofs, bil-qalba u mqattgħin irqiq

1 basla ħelwa kbira, imqatta' bin-nofs u mqatta' rqiq

1. Saħħan minn qabel il-forn għal 375 ° F. Line folja tal-ħami kbira bir-rimm b'karta parċmina; imwarrba. Fi skutella kbira, ħallat il-bajd, dqiq tal-lewż, 6 sinniet tat-tewm ikkapuljat, 3 imgħaref inbid, paprika, 1 ½ kuċċarini bżar iswed, żerriegħa tal-bużbież, oregano, sagħtar u bżar cayenne. Żid il-majjal; ħawwad sew. Ifforma taħlita tal-majjal f'pulpetti ta' 1½ pulzier (għandu jkollok madwar 24 pulpetti); poġġi f'saff wieħed fuq il-folja tal-ħami ppreparata. Aħmi għal madwar 30 minuta jew sakemm dehbi ħafif, taqleb darba waqt il-ħami.

2. Sadanittant, għaz-zalza marinara, f'forn Olandiż ta' 4 sa 6 kwarti saħħan 1 tablespoon żejt taż-żebbuġa. Żid 2 sinniet tat-tewm ikkapuljat li jifdal; sajjar madwar minuta jew sakemm għadu kemm jibda kannella. Żid malajr it-3 imgħaref inbid li jifdal, it-tadam imfarrak, u l-ħabaq. Hallih jagħli; naqqas is-sħana. Ttektek, mikxuf, għal 5 minuti. Hawwad bil-galbu l-pulpetti imsajrin maz-zalza marinara. Għatti u sajjar fuq nar baxx għal 25 sa 30 minuta.

3. Sadanittant, fi skillet kbira, saħħan il-kuċċarina żejt taż-żebbuġa li jifdal fuq sħana medja. Żid il-bużbież imqatta' u l-basla. Sajjar minn 8 sa 10 minuti jew sakemm tkun delikata u tismar ħafif, ħawwad spiss. Staġun b'nofs kuċċarina bżar iswed li jifdal. Servi l-pulpetti u marinara sauce fuq il-bużbież u l-basal stir-fry.

DGĦAJJES ZUCCHINI MIMLIJIN BIL-MAJJAL BIL-ĦABAQ U L-ĠEWŻ TAL-ARŻNU

XOGĦOL TAD-DAR:20 minuta kok: 22 minuta bake: 20 minuta rendiment: 4 porzjonijiet

IT-TFAL SE JĦOBBU DAN ID-DIXX DIVERTENTI BIEX JIEKLU.ZUCCHINI HOLLOW OUT MIMLI BIL-MAJJAL MITĦUN, TADAM U BŻAR ĦELU. JEKK MIXTIEQ, ŻID 3 IMGĦAREF PESTO TAL-ĦABAQ (ARA<u>RIĊETTA</u>) MINFLOK ĦABAQ FRISK, TURSIN U PINE NUTS.

2 zucchini medju

1 tablespoon żejt taż-żebbuġa extra verġni

12-il uqija majjal mitħun

¾ tazza basla mqatta

2 sinniet tat-tewm ikkapuljat

1 kikkra tadam imqatta

⅔ tazza bżar qampiena isfar jew oranġjo mqatta' fin

1 kuċċarina żerriegħa tal-bużbież, imfarrak ħafif

½ kuċċarina qxur tal-bżar aħmar imfarrak

¼ tazza ħabaq frisk imqatta

3 imgħaref tursin frisk maqtugħ fi strixxi

2 imgħaref arżnu mixwi (ara<u>tilt</u>) u mqatta' oħxon

1 kuċċarina qoxra tal-lumi maħkuka fin

1. Saħħan minn qabel il-forn għal 350 ° F. Aqta 'l-zucchini fin-nofs tul u b'attenzjoni obrox iċ-ċentru, u ħalli ġilda ta' ¼ pulzier ħoxna. Qatta' l-polpa tal-zucchini b'mod oħxon u rriżerva. Poġġi n-nofsijiet tal-zucchini, naħat maqtugħin 'il fuq, fuq folja tal-ħami miksija b'fojl.

17

2. Għall-mili, fi skillet kbira, saħħan iż-żejt taż-żebbuġa fuq nar medju-għoli. Żid majjal mitħun; sajjar sakemm ma jibqax roża, ħawwad b'kuċċarina tal-injam biex tkisser il-laħam. Ixxotta x-xaħam. Naqqas is-sħana għal medja. Żid il-polpa tal-zucchini riservata, il-basla u t-tewm; sajjar u ħawwad madwar 8 minuti jew sakemm il-basla tkun ratba. Żid it-tadam, il-bżar qampiena, iż-żerriegħa tal-bużbież, u l-bżar aħmar imfarrak. Sajjar madwar 10 minuti jew sakemm it-tadam ikun artab u jibda jkisser. Neħħi t-taġen mis-sħana. Żid il-ħabaq, it-tursin, il-ġewż tal-arżnu, u l-qoxra tal-lumi. Aqsam il-mili fost il-qxur tal-zucchini, billi tagħmel munzell żgħir. Aħmi għal 20 sa 25 minuta jew sakemm il-ġlud tal-zucchini jkunu iqarmeċ.

CURRIED PORK ANANAS NOODLE BOWLS BIL-ĦALIB TAL-COCONUT U ĦWAWAR

XOGĦOL TAD-DAR:30 minuta kok: 15 minuta bake: 40 minuta rendiment: 4 porzjonijietRITRATT

1 spaghetti squash kbir

2 imgħaref żejt tal-ġewż raffinat

1 libbra majjal mitħun

2 imgħaref taċ-ċavella mqatta' fin

2 imgħaref meraq tal-ġir frisk

1 tablespoon ġinġer frisk imqatta'

6 sinniet tat-tewm, ikkapuljat

1 tablespoon lemongrass imqatta'

1 tablespoon curry aħmar bla melħ ta' stil Tajlandiż

1 tazza bżar aħmar imqatta'

1 tazza basla mqatta

½ tazza karrotti maqtugħin fil-ġuljene

1 baby bok choy, imqatta' (3 tazzi)

1 tazza ta 'faqqiegħ frisk imqatta'

1-2 Chilies tal-għasafar Tajlandiżi, imqatta' rqiq (aratilt)

1 bott ta' 13.5 uqija ħalib tal-ġewż sempliċi (bħal Nature's Way)

½ tazza brodu tal-għadam tat-tiġieġ (araricetta) jew brodu tat-tiġieġ mingħajr melħ

¼ tazza meraq tal-ananas frisk

3 imgħaref butir tal-anakardju bla melħ mingħajr żejt miżjud

1 tazza ananas frisk imqatta' f'kubi

Flieli tal-lumi

Kosbor frisk, mint, u/jew ħabaq Tajlandiż

Anakardju Inkaljat Mqatta

1. Saħħan minn qabel il-forn għal 400 ° F. Microwave spaghetti squash fuq għoli għal 3 minuti. Aqta 'l-qawwi bir-reqqa fit-tul u obrox iż-żerriegħa. Ogħrok 1 tablespoon żejt tal-ġewż fuq il-ġnub maqtugħin tal-qawwi. Poġġi n-nofsijiet squash, maqtugħin naħat 'l isfel, fuq folja tal-ħami. Aħmi għal 40 sa 50 minuta jew sakemm l-isquash jista' jittaqqab faċilment b'sikkina. Bl-użu tal-pins tal-furketta, obrox il-laħam mill-qxur u żomm sħun sakemm tkun lesta biex isservi.

2. Sadanittant, fi skutella medja, għaqqad majjal, scallions, meraq tal-ġir, ġinġer, tewm, lemongrass, u trab tal-curry; ħawwad sew. Fi skillet extra-kbira, saħħan il-kuċċarina żejt tal-ġewż li jifdal fuq nar medju-għoli. Żid it-taħlita tal-majjal; sajjar sakemm ma jibqax roża, ħawwad b'kuċċarina tal-injam biex tkisser il-laħam. Żid il-bżar qampiena, il-basla u l-karrotta; sajjar u ħawwad madwar 3 minuti jew sakemm il-ħaxix ikun iqarmeċ-offerta. Żid il-bok choy, faqqiegħ, chiles, ħalib tal-ġewż, brodu tal-għadam tat-tiġieġ, meraq tal-ananas, u butir tal-anakardju. Ħallih jagħli; naqqas is-sħana. Żid ananas; ħalliha ttektek, mikxufa, sakemm jissaħħan.

3. Biex isservi, aqsam l-ispagetti squash fost erba' skutelli. Servi l-curry tal-majjal fuq il-qara ħamra. Servi bil-kunjardi tal-lumi, ħwawar, u anakardju.

PATTIES PIKKANTI TAL-MAJJAL GRILLED B'INSALATA TAL-ĦJAR PIKKANTI

XOGĦOL TAD-DAR:30 minuta fuq il-grill: 10 minuti mistrieħ: 10 minuti Rendiment: 4 porzjonijiet

L-INSALATA CRISPY TAL-ĦJARIMĦAWWAR B'MINT FRISK HUWA KOMPLEMENT IĠJENIĊI U IĠJENIĊI GĦALL-BURGERS TAL-MAJJAL PIKKANTI.

⅓ tazza żejt taż-żebbuġa

¼ tazza mint frisk imqatta

3 imgħaref ħall tal-inbid abjad

8 sinniet tat-tewm ikkapuljat

¼ kuċċarina bżar iswed

2 ħjar medju, imqatta 'rqiq ħafna

1 basla żgħira, imqatta' rqiqa (madwar ½ tazza)

1¼ sa 1½ libbra majjal mitħun

¼ tazza cilantro frisk imqatta

1 sa 2 chiles jalapeño jew serrano medji friski, miżrugħa (jekk mixtieq) u mqattgħin fin (ara tilt)

2 bżar qampiena aħmar medju, miżrugħa u kwarti

2 kuċċarini żejt taż-żebbuġa

1. Fi skutella kbira, għaqqad ⅓ tazza żejt taż-żebbuġa, nagħniegħ, ħall, 2 sinniet tat-tewm ikkapuljat, u bżar iswed. Żid ħjar imqatta' u basal. Ħallat sakemm miksija sew. Għatti u kessaħ sakemm tkun lesta biex isservi, ħawwad darba jew darbtejn.

2. Fi skutella kbira, għaqqad il-majjal, il-cilantro, iċ-chili u s-6 sinniet tat-tewm ikkapuljat li jifdal. Ifforma f'erba' patties

ħoxnin ta' ¾ pulzier. Bżar il-kwarti tal-bżar ħafif biż-2 kuċċarini żejt taż-żebbuġa.

3. Għal faħam tal-kannol jew grill tal-gass, poġġi patties u kwarti tal-bżar qampiena direttament fuq sħana medja. Għatti u ixwi sakemm termometru li jinqara instantanament imdaħħal fil-ġnub tal-ħnieżer tal-majjal jirreġistra 160°F u l-kwarti tal-bżar ikunu teneri u mxarrbin ħafif, billi ddawwar il-pattijiet u l-kwarti tal-bżar darba f'nofs ix-xiwi. Ħalli 10-12-il minuta għall-patties u 8-10 minuti għall-kwarti tal-bżar.

4. Meta l-kwarti tal-bżar ikunu lesti, kebbebhom f'biċċa fojl tal-aluminju biex tagħlaqhom kompletament. Ħallih joqgħod madwar 10 minuti jew sakemm jiksaħ biżżejjed biex jimmaniġġjah. Bl-użu ta 'sikkina li taqta', neħħi bir-reqqa l-ġilda mill-bżar. Qatta' l-bżar f'biċċiet żgħar għat-tul.

5. Biex isservi, itfa 'l-insalata tal-ħjar flimkien u ferrex b'mod ugwali fost erba' platti kbar li jservu. Żid patty tal-majjal ma kull platt. Munzell il-flieli tal-bżar aħmar b'mod uniformi fuq il-patties.

ZUCCHINI CRUST PIZZA BIL-PESTO TAT-TADAM IMNIXXEF FIX-XEMX, BŻAR ĦELU, U ZALZETT TALJAN

XOGĦOL TAD-DAR:30 minuta kok: 15 minuta bake: 30 minuta rendiment: 4 porzjonijiet

DIN HIJA PIZZA BIS-SIKKINA U L-FURKETTA.KUN ŻGUR LI TAGĦFAS ĦAFIF IZ-ZALZETT U L-BŻAR FIL-QOXRA MIKSIJA BIL-PESTO SABIEX IT-TOPPINGS JEĦLU FLIMKIEN BIŻŻEJJED BIEX IL-PIZZA TINQATA' PERFETTAMENT.

2 imgħaref żejt taż-żebbuġa

1 tablespoon lewż mitħun fin

1 bajda kbira, imsawta ħafif

½ tazza dqiq tal-lewż

1 tablespoon oregano frisk imqatta

¼ kuċċarina bżar iswed

3 sinniet tat-tewm, ikkapuljat

3½ tazzi zucchini maħkuk (2 medji)

Zalzett Taljan (ara_riċetta_, hawn taħt)

1 tablespoon żejt taż-żebbuġa extra verġni

1 bżar qampiena ħelu (isfar, aħmar, jew nofs kull wieħed), miżrugħ u maqtugħ fi strixxi rqaq ħafna

1 basla żgħira, imqatta' rqiqa

Pesto tat-tadam imnixxef fix-xemx (ara_riċetta_, hawn taħt)

1. Saħħan minn qabel il-forn għal 425 ° F. Agħsel taġen tal-pizza ta '12-il pulzier b'2 imgħaref żejt taż-żebbuġa. Roxx bil-lewż mitħun; imwarrba.

2. Għall-bażi, fi skutella kbira, għaqqad il-bajda, dqiq tal-lewż, oregano, bżar iswed, u tewm. Poġġi l-zucchini maħkuk fuq xugaman nadif jew biċċa cheesecloth. wrap sew

SIEQ TAL-ĦARUF AFFUMIKATA BIL-LUMI U KOSBOR MA' ASPARAGU GRILLED

GHADDAS:30 minuta għall-preparazzjoni: 20 minuta għall-grill: 45 minuta għall-mistrieħ: 10 minuti Produzzjoni: 6 sa 8 porzjonijiet

SEMPLIĊI IŻDA ELEGANTI, DAN ID-DIXX FIĦŻEWĠ INGREDJENTI LI JIEĦDU L-ĦAJJA FIR-REBBIEGĦA: ĦARUF U ASPARAGU. IT-TOASTING TAŻ-ŻERRIEGĦA TAL-KOSBOR ITEJJEB IT-TOGĦMA SĦUNA, TA' L-ART U KEMMXEJN TARTA.

1 tazza ċipep tal-injam hickory

2 imgħaref żerriegħa tal-kosbor

2 imgħaref qoxra tal-lumi maħkuka fin

1½ kuċċarina bżar iswed

2 imgħaref sagħtar frisk imqatta

1 sieq tal-ħaruf bla għadam, 2 sa 3 liri

2 għenieqed asparagu frisk

1 tablespoon żejt taż-żebbuġa

¼ kuċċarina bżar iswed

1 lumi maqtugħa fi kwarti

1. Mill-inqas 30 minuta qabel it-tisjir tat-tipjip, fi skutella, xarrab qxur tal-ġewż f'ilma biżżejjed biex ikopri; imwarrba. Sadanittant, fi skillet żgħir, ixwi żrieragħ tal-kosbor fuq sħana medja madwar 2 minuti jew sakemm ifuħ u iqarmeċ, ħawwad spiss. Neħħi ż-żerriegħa mit-taġen; ħalli jiksaħ. Meta ż-żrieragħ ikunu bersħu, għaffegħhom f'mehrież u lida (jew poġġi ż-żrieragħ fuq bord tat-tqattigħ u għaffegħhom b'dahar ta 'kuċċarina tal-injam). Fi skutella żgħira, għaqqad iż-żerriegħa tal-kosbor

26

imfarrak, il-qoxra tal-lumi, 1½ kuċċarina allspice, u sagħtar; imwarrba.

2. Neħħi x-xibka mill-ixwi tal-ħaruf, jekk preżenti. Fuq wiċċ tax-xogħol, iftaħ ix-xiwi, in-naħa tax-xaħam 'l isfel. Roxx nofs it-taħlita tal-ħwawar fuq il-laħam; Togħrok bis-swaba. Irrombla l-ixwi u orbot b'erba' sa sitt biċċiet ta' spag tal-kċina 100% qoton. Roxx it-taħlita tal-ħwawar li fadal fuq in-naħa ta' barra tal-ixwi, agħfas ħafif biex taderixxi.

3. Għal grill tal-faħam tal-kannol, poġġi faħam fuq sħana medja madwar dripp pan. Ipprova sħana medja fuq il-skillet. Roxx iċ-ċipep tal-injam imsaffi fuq il-faħam. Poġġi l-ħaruf mixwi fuq l-ixtilliera fuq it-trej tat-taqtir. Għatti u duħħan għal 40 sa 50 minuta fi sħana medja (145°F). (Għal grill tal-gass, saħħan minn qabel grill. Naqqas is-sħana għal medja. Issettja għal tisjir indirett. Affumikat bħal hawn fuq, ħlief żid ċipep tal-injam imsaffi skont l-istruzzjonijiet tal-manifattur.) Għatti l-ixwi laxk b'fojl tal-aluminju. Ħalli l-mistrieħ għal 10 minuti qabel ma taqta.

4. Sadanittant, aqta' l-ponot ta' l-injam ta' l-ispraġ. Fi skutella kbira itfa l-ispraġ biż-żejt taż-żebbuġa u ¼ kuċċarina bżar. Poġġi l-ispraġ madwar it-truf ta 'barra tal-grill, direttament fuq il-faħam u perpendikolari mal-gradilja tal-grill. Għatti u grill għal 5 sa 6 minuti sakemm iqarmeċ tender. Agħfas il-kunjardi tal-lumi fuq l-ispraġ.

5. Neħħi l-ispag mill-ħaruf mixwi u aqta' l-laħam fi biċċiet irqaq. Servi l-laħam ma' asparagu grilled.

ĦARUF HOT POT

XOGĦOL TAD-DAR:30 minuta kok: 2 sigħat 40 minuta Rendiment: 4 porzjonijiet

SAĦĦAN B'DAN L-ISTUFFAT FIT-TOGĦMAFUQ LEJL TAL-ĦARIFA JEW TAX-XITWA. L-ISTUFFAT JIĠI SERVUT FUQ PUREE BELLUSIN TA' GĦERQ TAL-KARFUS U PARSNIP BIT-TOGĦMA TAL-MUSTARDA TA' DIJON, KREMA TAL-ANAKARDJU U ĊASSA. NOTA: L-GĦERQ TAL-KARFUS KULTANT JISSEJJAĦ KARFUS.

10 bżar iswed

6 weraq salvja

3 ħwawar kollu

2 strixxi ta '2 pulzieri ta' qoxra tal-laring

2 liri spalla tal-ħaruf bla għadam

3 imgħaref żejt taż-żebbuġa

2 basal medju, imqatta' oħxon

1 14.5-uqija jista 'ebda melħ miżjud tadam imqatta', mhux imsaffi

1½ tazza brodu tal-għadam taċ-ċanga (araric̄etta) jew brodu taċ-ċanga bla melħ miżjud

¾ tazza inbid abjad niexef

3 sinniet kbar tat-tewm, imfarrak u mqaxxra

2 liri għerq tal-karfus, imqaxxar u maqtugħ f'kubi ta '1 pulzier

6 pasnips medji, imqaxxra u maqtugħa fi flieli ta' pulzier (madwar 2 liri)

2 imgħaref żejt taż-żebbuġa

2 imgħaref krema tal-anakardju (araric̄etta)

1 tablespoon mustarda stil Dijon (araric̄etta)

¼ tazza taċ-ċibell imqatta'

1. Għall-bukkett garni, qatgħa kwadru ta '7 pulzieri ta' cheesecloth. Poġġi l-bżar, is-salvja, il-ħwawar, u l-qoxra tal-laring fiċ-ċentru tal-ġobon. Erfa 'l-kantunieri tal-ġobon u orbot sewwa bi spag tal-kċina nadif 100% qoton. Imwarrab.

2. Ittrimmja xaħam mill-ispalla tal-ħaruf; ħaruf maqtugħ f'biċċiet ta '1 pulzier. F'forn Olandiż, saħħan it-3 imgħaref żejt taż-żebbuġa fuq sħana medja. Sajjar il-ħaruf, f'lottijiet jekk ikun meħtieġ, f'żejt jaħraq sakemm jitkannella; Neħħi mit-taġen u żomm sħun. Żid basal ma skillet; sajjar minn 5 sa 8 minuti jew sakemm jirtab u tismar ħafif. Żid bukkett garni, tadam mhux imsaffi, 1¼ tazza brodu tal-għadam taċ-ċanga, inbid, u tewm. Hallih jagħli; naqqas is-sħana. Ttektek, mgħotti, għal sagħtejn, waqt li tħawwad kultant. Neħħi u armi l-bukkett garni.

3. Sadanittant, biex tagħmel puree, poġġi l-għerq tal-karfus u l-passnips ġo kazzola kbira; għatti bl-ilma. Hallih jagħli fuq nar medju-għoli; naqqas is-sħana għal baxx. Għatti u ħalliha ttektek għal 30 sa 40 minuta jew sakemm il-ħxejjex ikunu fermi ħafna meta mtaqqba bil-furketta. Biex ixxotta; poġġi l-ħxejjex fi proċessur tal-ikel. Żid il-bqija ¼ tazza brodu tal-għadam taċ-ċanga u 2 imgħaref żejt; Impulsa sakemm il-puree jkun kważi lixx iżda xorta jkollu ftit tessut, waqqaf darba jew darbtejn biex jinbarax il-ġnub. Ittrasferixxi l-puree għal skutella. Żid il-krema tal-anakardju, il-mustarda u ċ-ċavella.

4. Biex isservi, aqsam il-puree fost erba' skutelli; għatti b'Lamb Hot Pot.

ĦARUF BRAISED BIT-TALJARINI TAL-GĦERQ TAL-KARFUS

XOGĦOL TAD-DAR:30-Minuta Bake: 1 siegħa 30 minuta Rendiment: 6 porzjonijiet

L-GĦERQ TAL-KARFUS JIEĦU DEHRA KOMPLETAMENT DIFFERENTI.MOD F'DAN L-ISTUFFAT MILLI FIL-BORMA SĦUNA TAL-ĦARUF (ARARIĊETTA). A SLICER MANDOLINA HUWA UŻAT BIEX JINĦOLQU STRIXXI IRQAQ ĦAFNA TA 'L-GĦERQ ĦELU, TOGĦMA NUTTY. IT- "TALJARINI" TTEKTEK FL-ISTUFFAT SAKEMM ISIRU OFFERTI.

2 kuċċarini ħwawar tal-ħaxix tal-lumi (arariċetta)

1½ libbra laħam stew tal-ħaruf, maqtugħ f'kubi ta '1 pulzier

2 imgħaref żejt taż-żebbuġa

2 tazzi ta 'basal imqatta'

1 tazza karrotti mqattgħin

1 tazza nevew imqatta' f'kudi

1 tablespoon tewm ikkapuljat (6 sinniet)

2 tablespoons ebda melħ miżjud pejst tat-tadam

½ tazza inbid aħmar niexef

4 tazzi brodu tal-għadam taċ-ċanga (arariċetta) jew brodu taċ-ċanga bla melħ miżjud

1 werqa tar-rand

2 tazzi qara kubi ta '1 pulzier

1 tazza brunġiel imqatta' mqatta'

1 libbra għerq tal-karfus, imqaxxar

tursin frisk imqatta'

1. Saħħan minn qabel il-forn għal 250 ° F. Roxx it-Tħawwir tal-Ħxejjex tal-Lumi b'mod uniformi fuq il-ħaruf. Ħallat bil-mod biex tiksi. Saħħan forn Olandiż ta' 6 sa 8 kwarti fuq nar medju-għoli. Żid 1 tablespoon żejt taż-żebbuġa u nofs il-ħaruf imħawwar fil-forn Olandiż. Laħam kannella f'żejt

jaħraq min-naħat kollha; Ittrasferixxi l-laħam imsema għal platt u rrepeti mal-bqija tal-ħaruf u żejt taż-żebbuġa. Naqqas is-sħana għal medja.

2. Żid il-basal, il-karrotti u n-nevew mal-borma. Sajjar u ħawwad il-ħaxix għal 4 minuti; żid it-tewm u l-pejst tat-tadam u sajjar minuta oħra. Żid l-inbid aħmar, il-brodu tal-għadam taċ-ċanga, il-weraq tar-rand, u l-laħam riżervat u kwalunkwe meraq akkumulat fil-borma. Ħalli t-taħlita għat-tektek. Għatti u poġġi l-forn Olandiż fil-forn imsaħħan minn qabel. Aħmi għal siegħa. Żid il-qara ħamra u l-brunġiel. Erġa' lura fil-forn u aħmi għal 30 minuta oħra.

3. Waqt li l-istuffat ikun fil-forn, uża mandolina biex tqatta' l-għerq tal-karfus irqaq ħafna. Aqta' l-għerq tal-karfus fi strixxi wiesgħa ta' ½ pulzier. (Għandek ikollok madwar 4 tazzi.) Ħawwad l-istrippi tal-għeruq tal-karfus fl-istuffat. Ttektek għal madwar 10 minuti jew sakemm tkun delikata. Neħħi u armi l-werqa tar-rand qabel ma sservi l-istuffat. Roxx kull porzjon bit-tursin imqatta'.

CHOPS TAL-ĦARUF BIZ-ZALZA TAR-RUMMIEN PIKKANTI U T-DAMAL

XOGĦOL TAD-DAR:10 minuti kok: 18 minuta kessaħ: 10 minuti Rendiment: 4 porzjonijiet

IT-TERMINU "FRANĊIŻ" JIRREFERI GĦAL KUSTILJALI MINNU TNEĦĦEW IX-XAĦAM, IL-LAĦAM U T-TESSUT KONNETTIV B'SIKKINA TAL-KĊINA LI TAQTA'. HIJA PREŻENTAZZJONI ATTRAENTI. STAQSI LILL-BIĊĊIER TIEGĦEK BIEX TAGĦMEL DAN JEW TISTA 'TAGĦMEL IT YOURSELF.

CHUTNEY

½ tazza meraq tar-rummien mhux ħelu

1 tablespoon meraq tal-lumi frisk

1 scalota, imqaxxra u mqatta 'rqiqa f'ċrieki

1 kuċċarina qoxra tal-lariġ maħkuka fin

⅓ tazza dati Medjool imqattgħin

¼ kuċċarina bżar aħmar imfarrak

¼ tazza arili tar-rummien*

1 tablespoon żejt taż-żebbuġa

1 tablespoon tursin Taljan frisk (weraq ċatt) imqatta'

CHOPS TAL-ĦARUF

2 imgħaref żejt taż-żebbuġa

8 xtilliera ta' chops tal-ħaruf fuq stil Franċiż

1. Għaż-zalza sħuna, fi skillet żgħir, għaqqad il-meraq tar-Rummien, il-meraq tal-lumi, u l-iscalot. Ħallih jagħli; naqqas is-sħana. Ttektek, mikxuf, għal 2 minuti. Żid il-qoxra tal-lariġ, it-tamal, u l-bżar aħmar imfarrak. Ħallih joqgħod sakemm jiksaħ, madwar 10 minuti. Żid l-arils tar-

Rummien, 1 tablespoon taż-żejt taż-żebbuġa, u t-tursin. Ħallih joqgħod f'temperatura tal-kamra sakemm isservi.

2. Għas-chops, ġo skillet kbira saħħan iż-2 imgħaref żejt taż-żebbuġa fuq nar medju. Ħidma f'lottijiet, żid chops ma skillet u sajjar minn 6 sa 8 minuti fuq sħana medja (145 ° F), taqleb darba. Għatti l-chops biz-zalza sħuna.

*Nota: Rummien frisk u l-arils tagħhom, jew iż-żerriegħa, huma disponibbli minn Ottubru sa Frar. Jekk ma tistax issibhom, uża żrieragħ imnixxfa mhux ħelwin biex iżżid crunch maċ-chutney.

CHOPS TAL-FLETT TAL-ĦARUF CHIMICHURRI BIL-KABOĊĊA TAR-RADIKJO SALT

XOGĦOL TAD-DAR:30 minuta immarinar: 20 minuta tisjir: 20 minuta rendimenti: 4 porzjonijiet

FL-ARĠENTINA, CHIMICHURRI HUWA L-AKTAR KONDIMENT POPOLARI.JAKKUMPANJA S-STEAK GRILLED STIL GAUCHO MAGĦRUF TA' DAK IL-PAJJIŻ. HEMM ĦAFNA VARJAZZJONIJIET, IŻDA Ż-ZALZA TAL-ĦXEJJEX ĦOXNA HIJA ĠENERALMENT MAGĦMULA BIT-TURSIN, IL-CILANTRO JEW L-OREGANO, L-ISCALOTS U/JEW IT-TEWM, IL-BŻAR AĦMAR IMFARRAK, IŻ-ŻEJT TAŻ-ŻEBBUĠA U L-ĦALL TAL-INBID AĦMAR. HUWA EĊĊELLENTI FUQ STEAK GRILLED, IŻDA UGWALMENT BRILLANTI FUQ ĦARUF GRILLED JEW MAĦRUQA FIL-PAN, TIĠIEĠ, U CHOPS TAL-MAJJAL.

8 chops tal-flett tal-ħaruf, maqtugħin 1-il pulzier ħoxna

½ tazza zalza chimichurri (ara riċetta)

2 imgħaref żejt taż-żebbuġa

1 basla ħelwa, imqatta' bin-nofs u mqatta'

1 kuċċarina żerriegħa tal-kemmun, mgħaffġa*

1 sinna tat-tewm ikkapuljat

1 ras radicchio, bil-qalba u maqtugħa fi strixxi rqaq

1 tablespoon ħall balsamiku

1. Poġġi chops tal-ħaruf fi skutella kbira żejjed. Drixx b'2 imgħaref zalza chimichurri. Permezz ta' subgħajk, ogħrok iz-zalza fuq il-wiċċ kollu ta' kull chop. Ħalli l-chops jimmarina f'temperatura tal-kamra għal 20 minuta.

2. Sadanittant, għall-Insalata tar-Radicchio Sautéed, fi skillet extra-kbira saħħan 1 tablespoon żejt taż-żebbuġa. Żid il-

basla, iż-żerriegħa tal-kemmun, u t-tewm; sajjar 6 sa 7 minuti jew sakemm il-basla jirtab, ħawwad spiss. Żid ir-radicchio; sajjar minn 1 sa 2 minuti jew sakemm ir-radicchio jinxi ftit. Ittrasferixxi l-insalata għal skutella kbira. Żid il-ħall balsamiku u ħawwad sew biex tgħaqqad. Għatti u żomm sħun.

3. Naddaf it-taġen. Żid il-kuċċarina 1 ta 'żejt taż-żebbuġa li jifdal mal-taġerija u saħħan fuq nar medju-għoli. Żid chops tal-ħaruf; naqqas is-sħana għal medja. Sajjar 9 sa 11-il minuta jew sakemm tkun lesta mixtieqa, dawwar il-chops kultant bil-pinzetti.

4. Servi chops bl-insalata u z-zalza chimichurri li jifdal.

*Nota: Biex tfarrak iż-żerriegħa tal-kemmun, uża mehrież u lida, jew poġġi ż-żerriegħa fuq bord tat-tqattigħ u għaffeġ b'sikkina tal-kok.

CHOPS TAL-ĦARUF IFREX ANCHO U SAGE B'REMOULADE TA' KARROTTI U PATATA ĦELWA

XOGĦOL TAD-DAR:12-il minuta kiesaħ: 1 sa 2 sigħat grill: 6 minuti jagħmel: 4 porzjonijiet

HEMM TLIET TIPI TA 'CHOPS TAL-HARUF.CHOPS HOXNIN U LAĦAM QISU RIBEYES ŻGHAR. IL-KUSTILJI, IMSEJĦA HAWN, HUMA MAĦLUQA BILLI JAQTGHU BEJN L-GHADAM TA 'RACK TAL-ĦARUF. HUMA OFFERTI HAFNA U GHANDHOM GHADMA TWILA ATTRAENTI FUQ IL-ĠENB. ĦAFNA DRABI HUMA SERVUTI GRILLED JEW GRILLED. CHOPS TA 'L-ISPALLA RĦAS HUMA DAQSXEJN AKTAR GRASSI U INQAS OFFERTI MIŻ-ŻEWĠ TIPI L-OĦRA. L-AĦJAR HUWA LI KANNELLAHOM U MBAGĦAD IMSAJJARHOM FL-INBID, STOKK, U TADAM, JEW TAĦLITA TA 'DAWN.

3 karrotti medji, maħkuk oħxon

2 patata ħelwa żgħira, maħkuka bil-ġuljen* jew oħxon

½ tazza Paleo Mayo (arariċetta)

2 imgħaref meraq tal-lumi frisk

2 kuċċarini mustarda stil Dijon (arariċetta)

2 imgħaref tursin frisk imqatta'

½ kuċċarina bżar iswed

8 xtilliera ta 'chops tal-ħaruf, imqatta' ħxuna minn ½ sa ¾ pulzier

2 imgħaref salvja friska mqatta jew 2 kuċċarini salvja mnixxfa, imfarrak

2 kuċċarini ancho chile mitħun

½ kuċċarina trab tat-tewm

1. Għar-remoulade, fi skutella medja, għaqqad il-karrotti u l-patata ħelwa. Fi skutella żgħira, ħallat flimkien Paleo Mayo, meraq tal-lumi, mustarda stil Dijon, tursin, u bżar

iswed. Ferra' fuq il-karrotti u l-patata ħelwa; ħawwad biex iksi. Għatti u kessaħ 1 sa 2 sigħat.

2. Sadanittant, fi skutella żgħira, għaqqad is-salvja, l-ancho chile, u t-trab tat-tewm. Togħrok it-taħlita tal-ħwawar fuq il-chops tal-ħaruf.

3. Għal grill tal-faħam jew tal-gass, poġġi ċ-chops tal-ħaruf fuq grill direttament fuq sħana medja. Għatti u grill għal 6 sa 8 minuti għal medju rari (145 ° F) jew 10 sa 12-il minuta għal medju (150 ° F), taqleb darba f'nofs il-grill.

4. Servi l-chops tal-ħaruf bir-remoulade.

*Nota: Uża mandolina b'attachment julienne biex tqatta' l-patata ħelwa.

BURGERS TAL-ĦARUF MIMLIJIN MILL-ĠNIEN BIL-COULIS TAL-BŻAR AĦMAR

XOGĦOL TAD-DAR:20 minuta mistrieħ: 15-il minuta grill: 27 minuta rendiment: 4 porzjonijiet

IL-COULIS MHU XEJN AKTAR MINN ZALZA SEMPLIĊI U LIXXA.MAGĦMUL BIL-PUREJIET TAL-FROTT JEW TAL-ĦAXIX. IĊ-ZALZA TAL-BŻAR AĦMAR JGĦAJJAT U SABIĦ GĦAL DAWN IL-BURGERS TAL-ĦARUF TIEĦU DOŻA DOPPJA TA 'DUĦĦAN: MILL-GRILL U MINN TIR TA' PAPRIKA AFFUMIKATA.

COULIS TAL-BŻAR AĦMAR

1 bżar qampiena aħmar kbir

1 tablespoon inbid abjad niexef jew ħall tal-inbid abjad

1 kuċċarina żejt taż-żebbuġa

½ kuċċarina paprika affumikata

BURGERS

¼ tazza tadam imnixxef fix-xemx mingħajr sulfur, maqtugħ fi strixxi

¼ tazza zucchini maħkuk

1 tablespoon ħabaq frisk imqatta

2 kuċċarini żejt taż-żebbuġa

½ kuċċarina bżar iswed

1½ libbra ħaruf mitħun

1 abjad tal-bajd, imsawta ħafif

1 tablespoon tħawwir Mediterranju (arariċetta)

1. Għall-coulis tal-bżar aħmar, poġġi l-bżar aħmar fuq il-grill direttament fuq sħana medja. Għatti u grill għal 15 sa 20 minuta jew sakemm jinħaraq u sara ħafna, dawwar il-bżar kull 5 minuti biex jaħraq fuq kull naħa. Neħħi mill-grill u immedjatament poġġi f'borża tal-karti jew fojl tal-aluminju biex tagħlaq kompletament il-bżar. Ħallih

joqgħod għal 15-il minuta jew sakemm jibred biżżejjed biex jimmaniġġjah. Bl-użu ta 'sikkina li taqta', neħħi b'attenzjoni l-ġilda u armi. Aqta' l-bżar fit-tul fi kwarti u neħħi z-zkuk, iż-żerriegħa u l-membrani. Fi food processor, għaqqad il-bżar qampiena inkaljat, l-inbid, iż-żejt taż-żebbuġa, u l-paprika affumikat. Għatti u ipproċessa jew ħallat sakemm tkun lixxa.

2. Sadanittant, għall-mili, poġġi t-tadam imnixxef fix-xemx fi skutella żgħira u għatti b'ilma jagħli. Ħallih joqgħod għal 5 minuti; biex tixxotta. Pat it-tadam u l-zucchini maħkuk nixxef b'xugamani tal-karti. Fi skutella żgħira, għaqqad it-tadam, il-zucchini, il-ħabaq, iż-żejt taż-żebbuġa, u ¼ kuċċarina bżar iswed; imwarrba.

3. Fi skutella kbira, għaqqad il-ħaruf mitħun, abjad tal-bajd, ¼ kuċċarina bżar iswed li jifdal, u tħawwir Mediterranju; ħawwad sew. Aqsam it-taħlita tal-laħam fi tmien porzjonijiet indaqs u sawwar kull waħda f'patty ta' ¼ pulzier ħoxna. Ferra l-mili fuq erbgħa mill-patties; fuq il-pattijiet li jifdal, toqros it-truf flimkien biex tissiġilla l-mili.

4. Poġġi burgers fuq grill direttament fuq sħana medja. Għatti u grill 12 sa 14-il minuta jew sakemm ikun lest (160°F), taqleb darba f'nofs il-grill.

5. Biex isservi, fuq il-burgers bil-coulis tal-bżar aħmar.

SKEWERS TAL-ḤARUF B'OREGANO DOPPJU U ZALZA TZATZIKI

GHADDAS:30 minuta biex tipprepara: 20 minuta biex tiksaħ: 30 minuta biex tigri: 8 minuti Produzzjoni: 4 porzjonijiet

DAWN L-ISKEWERS TAL-ḤARUF HUMA ESSENZJALMENTDAK LI HU MAGḤRUF BHALA KOFTA FIL-MEDITERRAN U FIL-LVANT NOFSANI: LAHAM MITḤUN IMḤAWWAR (ĠENERALMENT ḤARUF JEW ĊANGA) JIĠI FFURMAT FI BOĊĊI JEW MADWAR SKEWER U MBAGḤAD GRILLED. OREGANO FRISK U MNIXXEF JAGḤTIHOM TOGḤMA GRIEGA KBIRA.

8 skewers tal-injam ta '10 pulzieri

SKEWERS TAL-ḤARUF

1½ libbra ħaruf mitħun dgħif

1 basla żgħira, maħkuka u mbuttata niexfa

1 tablespoon oregano frisk imqatta

2 kuċċarini oregano imnixxef, imfarrak

1 kuċċarina bżar iswed

ZALZA TZATZIKI

1 tazza Paleo Mayo (arariċetta)

½ ta' ħjar kbir, miżrugħ, imqatta' u mbuttat niexef

2 imgħaref meraq tal-lumi frisk

1 sinna tat-tewm ikkapuljat

1. Xarrab l-iskewers f'biżżejjed ilma biex tgħattihom għal 30 minuta.

2. Għall-iskewers tal-ħaruf, fi skutella kbira għaqqad il-ħaruf mitħun, il-basla, l-oregano frisk u mnixxef, u l-bżar; ħawwad sew. Aqsam it-taħlita tal-ħaruf fi tmien porzjonijiet indaqs. Ifforma kull porzjon madwar in-nofs

ta 'skewer, u toħloq log ta' 5 × 1 pulzier. Għatti u kessaħ għal mill-inqas 30 minuta.

3. Sadanittant, għaż-Zalza Tzatziki, fi skutella żgħira għaqqad Paleo Mayo, ħjar, meraq tal-lumi, u tewm. Għatti u kessaħ sakemm isservi.

4. Għal grill tal-faħam jew tal-gass, poġġi l-iskewers tal-ħaruf fuq il-grill direttament fuq sħana medja. Għatti u grill madwar 8 minuti fuq sħana medja (160 ° F), taqleb darba f'nofs il-grill.

5. Servi skewers tal-ħaruf biz-zalza Tzatziki.

TIĠIEĠ INKALJAT BIŻ-ŻAGĦFRAN U L-LUMI

XOGĦOL TAD-DAR:15-il minuta chill: 8 sigħat mixwi: 1 siegħa 15-il minuta mistrieħ: 10 minuti rendiment: 4 porzjonijiet

IŻ-ŻAGĦFRAN HUMA L-ISTAMENS IMNIXXFATA' TIP TA' FJURA TAL-CROCUS. HUWA GĦALI, IŻDA FTIT TMUR TRIQ TWILA. IŻID IT-TOGĦMA DISTINTIVA TA' L-ART U L-LEWN ISFAR SABIĦ MA' DAN IT-TIĠIEĠ MIXWI BIL-QOXRA TQARMEĊ.

1 tiġieġ sħiħ, 4 sa 5 liri

3 imgħaref żejt taż-żebbuġa

6 sinniet tat-tewm, imfarrak u mqaxxra

1½ tablespoons qoxra tal-lumi maħkuka fin

1 tablespoon sagħtar frisk

1½ kuċċarina bżar iswed mitħun

½ kuċċarina ħjut taż-żagħfran

2 weraq tar-rand

1 lumi maqtugħa fi kwarti

1. Neħħi l-għonq u l-ġiblets mit-tiġieġ; armi jew ħlief għal użu ieħor. Laħlaħ il-kavità tal-ġisem tat-tiġieġ; nixxef b'xugamani tal-karti. Ittrimmja kwalunkwe ġilda jew xaħam żejjed mit-tiġieġ.

2. F'food processor, għaqqad iż-żejt taż-żebbuġa, it-tewm, il-qoxra tal-lumi, is-sagħtar, il-bżar u ż-żagħfran. Ipproċessa biex tifforma pejst lixx.

3. Permezz ta 'swaba' tiegħek, ogħrok il-pejst fuq il-wiċċ ta 'barra tat-tiġieġ u l-kavità ta' ġewwa. Ittrasferixxi tiġieġ għal skutella kbira; għatti u fil-friġġ għal mill-inqas 8 sigħat jew matul il-lejl.

4. Saħħan il-forn għal 425 ° F. Poġġi l-kwarti tal-lumi u l-weraq tar-rand fil-kavità tat-tiġieġ. Orbot ir-riġlejn bi spag tal-kċina 100% qoton. Tuck il-ġwienaħ taħt it-tiġieġ. Daħħal termometru tal-laħam tal-forn ġewwa l-muskolu tal-koxxa mingħajr ma tmiss l-għadam. Poġġi t-tiġieġ fuq xtilliera f'dixx kbir tal-ħami.

5. Grill għal 15-il minuta. Naqqas it-temperatura tal-forn għal 375 ° F. Ixwi madwar siegħa aktar jew sakemm il-meraq joħroġ ċar u t-termometru jirreġistra 175 ° F. Tiġieġ tat-tinda bil-fojl. Ħalli l-mistrieħ għal 10 minuti qabel ma taqta.

TIĠIEĠ SPATCHCOCKED BL-INSALATA JICAMA

XOGHOL TAD-DAR:40 minuta grill: 1 siegħa 5 minuti mistrieħ: 10 minuti rendiment: 4 porzjonijiet

"SPATCHCOCK" HUWA TERMINU ANTIK TAT-TISJIRLI REĊENTEMENT REĠGHET INTUŻAT BIEX TIDDESKRIVI L-PROĊESS TA' QSIM TA' GHASFUR ŻGHIR, BHAL TIĠIEĠ JEW TIĠIEĠA CORNISH, MINN WARA U MBAGHAD JINFETAH U JĊATT BHAL KTIEB BIEX JGHINHA ISSAJJAR AKTAR MALAJR U B'MOD UGWALI. HUWA SIMILI GHAT-TITJIRA TAL-FRIEFET, IŻDA JIRREFERI BISS GHAT-TJUR.

TIĠIEĠ

Ċili poblano 1

1 tablespoon shalot imqatta fin

3 sinniet tat-tewm, ikkapuljat

1 kuċċarina qoxra tal-lumi maħkuka fin

1 kuċċarina qoxra tal-ġir maħkuka fin

1 kuċċarina tħawwir affumikat (ara ricetta)

½ kuċċarina oregano imnixxef, imfarrak

½ kuċċarina kemmun mitħun

1 tablespoon żejt taż-żebbuġa

1 tiġieġ sħiħ, 3 sa 3½ liri

INSALATA TAL-KABOĊĊI

½ jicama medja, imqaxxra u mqaxxra (madwar 3 tazzi)

½ tazza ċavella mqatta' rqiqa (4)

1 tuffieħ Granny Smith, imqaxxar, bil-qalba u mqaxxar bil-ġuljena

⅓ tazza cilantro frisk imqatta

3 imgħaref meraq tal-lariġ naturali

3 imgħaref żejt taż-żebbuġa

1. Għal grill tal-faħam, poġġi faħam sħun medju fuq naħa
   waħda tal-grill. Poġġi dripp trey taħt in-naħa vojta tar-
   rack. Poġġi l-poblano fuq l-ixtilliera tal-grill direttament
   fuq il-faħam medju. Għatti u grill għal 15-il minuta jew
   sakemm il-poblano jinħaraq min-naħat kollha, iddawwar
   kultant. Immedjatament wrap poblano fil-fojl tal-
   aluminju; ħalliha tistrieħ għal 10 minuti. Iftaħ il-fojl u aqta'
   l-poblano fin-nofs tul; neħħi z-zkuk u ż-żerriegħa (aratilt).
   Bl-użu ta 'sikkina li taqta', neħħi bil-mod il-ġilda u armi.
   Qatta' l-poblano fin. (Għal grill tal-gass, saħħan minn qabel
   grill; naqqas is-sħana għal medja. Issettja għal tisjir
   indirett. Grill bħal hawn fuq fuq burner mixgħul.)

2. Għall-dressing, fi skutella żgħira għaqqad il-poblano, l-
   iscalota, it-tewm, il-qoxra tal-lumi, il-qoxra tal-ġir, it-
   tħawwir tal-affumikazzjoni, l-oregano u l-kemmun. Żid iż-
   żejt; ħawwad sew biex tagħmel pejst.

3. Biex tifrex it-tiġieġ, neħħi l-għonq u l-giblets (ħlief għal użu
   ieħor). Poġġi t-tiġieġ, in-naħa tas-sider 'l isfel, fuq bord tat-
   tqattigħ. Uża imqassijiet tal-kċina biex tagħmel qatgħa fit-
   tul fuq naħa waħda tas-sinsla, li tibda mit-tarf tal-għonq.
   Irrepeti l-qatgħa lonġitudinali fuq in-naħa opposta tas-
   sinsla. Neħħi u armi s-sinsla tad-dahar. Poġġi n-naħa tal-
   ġilda tat-tiġieġ 'l fuq. Agħfas 'l isfel bejn is-sider biex
   tkisser is-sider sabiex it-tiġieġ joqgħod ċatt.

4. Ibda mill-għonq fuq naħa waħda tas-sider, żżerżaq is-swaba
   'bejn il-ġilda u l-laħam, u ħoll il-ġilda hekk kif taħdem lejn
   il-koxxa. Erħi l-ġilda madwar il-koxxa. Irrepeti fuq in-naħa
   l-oħra. Uża subgħajk biex tifrex il-ħakk fuq il-laħam taħt il-
   ġilda tat-tiġieġ.

5. Poġġi t-tiġieġ, in-naħa tas-sider 'l isfel, fuq ixtilliera fuq id-dripp pan. Piż b'żewġ briks imgeżwer bil-fojl jew skillet kbir tal-ħadid fondut. Għatti u grill għal 30 minuta. Dawwar it-tiġieġ, bil-ġenb tal-għadam 'l isfel, fuq xtilliera tal-wajer, erġa' iżen bi briks jew skillet. Grill, mgħotti, madwar 30 minuta oħra jew sakemm it-tiġieġ ma jibqax roża (175 ° F fil-muskolu tal-koxxa). Neħħi t-tiġieġ mill-grill; ħalliha tistrieħ għal 10 minuti. (Għal grill tal-gass, poġġi t-tiġieġ fuq ixtilliera 'l bogħod mis-sħana. Grill bħal hawn fuq.)

6. Sadanittant, għall-insalata, fi skutella kbira għaqqad il-jicama, scallions, tuffieħ, u cilantro. Fi skutella żgħira, ħallat flimkien il-meraq tal-larinġ, iż-żejt, u l-Ħwawar tal-Ħxejjex tal-Lumi. Ferra' fuq it-taħlita tal-jicama u itfa' biex iksi. Servi t-tiġieġ mal-insalata.

TIĠIEĠ MIXWI TA' WARA BIL-VODKA, KARROTTI U ZALZA TAT-TADAM

XOGHOL TAD-DAR:15-il minuta kok: 15-il minuta mixwi: 30 minuta rendiment: 4 porzjonijiet

VODKA TISTA 'SSIR MINN DIVERSIIKEL DIFFERENTI, BHAL PATATA, QAMHIRRUM, SEGALA, QAMH U XGHIR, ANKE GHENEB. GHALKEMM MA TANTX HEMM VODKA F'DIN IZ-ZALZA META TAQSAMHA F'ERBA' PORZJONIJIET, FITTEX VOKDA MAGHMUL BIL-PATATA JEW L-GHENEB GHAL KONFORMITÀ PALEO.

3 imgħaref żejt taż-żebbuġa

4 kwarti tar-riġlejn tat-tiġieġ bl-għadam jew biċċiet tat-tiġieġ bil-laħam, mingħajr ġilda

1 bott ta' 28 uqija tadam tal-għanbaqar mingħajr melħ miżjud, imsaffi

½ tazza basla mqatta' fin

½ tazza zunnarija mqatta' fin

3 sinniet tat-tewm, ikkapuljat

1 kuċċarina tħawwir Mediterranju (ara riċetta)

⅛ kuċċarina bżar cayenne

1 sprig klin frisk

2 imgħaref vodka

1 tablespoon ħabaq frisk imqatta' (mhux obbligatorju)

1. Saħħan minn qabel il-forn għal 375 ° F. Fi skillet extra-kbira, saħħan 2 imgħaref taż-żejt fuq nar medju-għoli. Żid tiġieġ; sajjar madwar 12-il minuta jew sakemm tismar, iddawwar għal tiswija uniformi. Poġġi t-taġen fil-forn imsaħħan minn qabel. Grill, mikxuf, għal 20 minuta.

2. Sadanittant, għaz-zalza, uża shears tal-kċina biex taqta' t-tadam. Fi kazzola medja, saħħan il-kuċċarina taż-żejt li fadal fuq sħana medja. Żid il-basla, il-karrotta u t-tewm;

sajjar 3 minuti jew sakemm tkun delikata, ħawwad spiss. Żid it-tadam imqatta' f'kudi, il-ħwawar tal-Mediterran, il-bżar tal-cayenne, u l-friegħa tar-klin. Ħallih jagħli fuq nar medju-għoli; naqqas is-sħana. Ħawwad, mikxuf, għal 10 minuti, ħawwad kultant. Żid il-vodka; sajjar 1 minuta oħra; neħħi u armi l-friegħa tar-rosmarin.

3. Servi zalza fuq tiġieġ fi skillet. Erġa' lura t-taġen fil-forn. Grill, mgħotti, madwar 10 minuti oħra jew sakemm it-tiġieġ ikun sarr u ma jibqax roża (175°F). Jekk mixtieq, sprinkle bil-ħabaq.

POULET ROTI U RUTABAGA FRITES

XOGHOL TAD-DAR:40 Minuta Bake: 40 minuta Rendiment: 4 porzjonijiet

IC-CIPEP TAL-KOHLRABI IQARMEC HUMA DELIZZJUZISERVUTI MAT-TIGIEG ROTISSERIE U MERAQ TAT-TISJIR LI JAKKUMPANJAWHOM, IZDA HUMA DAQSTANT FIT-TOGHMA MAGHMULIN WAHEDHOM U SERVUTI BI ZALZA TAT-TADAM PALEO (ARARICETTA) JEW SERVUTI STIL BELGJAN B'AIOLI PALEO (MAYONNAISE TAT-TEWM, ARARICETTA).

6 imgħaref żejt taż-żebbuġa

1 tablespoon tħawwir Mediterranju (araricetta)

4 koxox tat-tiġieġ bl-għadam u bla ġilda (madwar 1¼ libbra totali)

4 koxox tat-tiġieġ bla ġilda (madwar libbra totali)

1 tazza inbid abjad niexef

1 tazza brodu tal-għadam tat-tiġieġ (araricetta) jew brodu tat-tiġieġ mingħajr melħ

1 basla żgħira, maqtugħa fi kwarti

Żejt taż-żebbuġa

1½ sa 2 liri rutabagas

2 imgħaref taċ-ċavella friska mqatta'

Bżar iswed

1. Saħħan minn qabel il-forn għal 400 ° F. Fi skutella żgħira, għaqqad 1 tablespoon żejt taż-żebbuġa u t-tħawwir tal-Mediterran; Togħrok fuq biċċiet tat-tiġieġ. Fi skillet extra-kbira li ma jgħaddix mill-forn, saħħan 2 imgħaref taż-żejt. Żid biċċiet tat-tiġieġ, naħat tal-laħam 'l isfel. Sajjar, mikxuf, madwar 5 minuti jew sakemm tismar. Neħħi t-tagen mis-sħana. Aqleb il-biċċiet tat-tiġieġ, il-ġnub kannella 'l fuq. Żid l-inbid, il-brodu tal-għadam tat-tiġieġ, u l-basla.

2. Poġġi tagen fil-forn fuq ixtilliera tan-nofs. Aħmi, mikxuf, għal 10 minuti.

3. Sadanittant, għall-fries, aħsel ħafif folja kbira tal-ħami biż-żejt taż-żebbuġa; imwarrba. Qaxxar il-kohlrabi. B'sikkina li taqta ', aqta' r-rutabagas fi flieli ta '½ pulzier. Aqta' l-flieli fit-tul fi strixxi ta' ½ pulzier. Fi skutella kbira, ħallat l-istrixxi tal-kohlrabi mat-3 imgħaref żejt li jifdal. Ifrex l-istrixxi tal-kohlrabi f'saff wieħed fuq folja tal-ħami ppreparata; poġġi fil-forn fuq ixtilliera ta 'fuq. Aħmi għal 15-il minuta; aqleb il-fries. Aħmi t-tiġieġ għal 10 minuti oħra jew sakemm ma jibqax roża (175 ° F). Neħħi t-tiġieġ mill-forn. Aħmi l-fries għal 5 sa 10 minuti jew sakemm ikun kannella dehbi u delikat.

4. Neħħi t-tiġieġ u l-basla mit-taġen, filwaqt li tirriserva l-meraq. Għatti tiġieġ u basal biex iżommu sħun. Ħalli l-meraq jagħli fuq sħana medja; naqqas is-sħana. Ttektek, mikxuf, madwar 5 minuti oħra jew sakemm il-meraq jitnaqqas kemmxejn.

5. Biex isservi, itfa' ċ-ċipep biċ-ċassa u ħawwad bil-bżar. Servi tiġieġ mal-meraq tat-tisjir u fries Franċiż.

COQ AU VIN BI TLIET FAQQIEGH BIL-PURE TA' RUTABAGAS U CASSA

XOGĦOL TAD-DAR:15-il minuta sajjar: 1 siegħa 15-il minuta Rendiment: 4 sa 6 porzjonijiet

JEKK HEMM RAMEL FL-ISKUTELLAWARA LI TIXRIB IL-FAQQIEGĦ IMNIXXEF, U X'AKTARX IKUN HEMM XI, GĦAFAS IL-LIKWIDU PERMEZZ TA 'ĠOBON TA' ĦXUNA DOPPJA MQIEGĦDA F'PASSATUR TA 'MALJI FINI.

1 uqija faqqiegħ porcini imnixxef jew morels

1 tazza ilma jagħli

2 sa 2½ liri koxox tat-tiġieġ u koxox, ġilda mneħħija

Bżar iswed

2 imgħaref żejt taż-żebbuġa

2 kurrat medju, imqatta' bin-nofs tul, laħlaħ u mqatta' rqiq

2 faqqiegħ portobello, imqatta'

8 uqija faqqiegħ tal-gajdra frisk, biż-zokk u mqatta', jew faqqiegħ frisk imqatta'

¼ tazza pejst tat-tadam mingħajr melħ miżjud

1 kuċċarina marjoram imnixxef, imfarrak

½ kuċċarina sagħtar imnixxef, imfarrak

½ tazza inbid aħmar niexef

6 tazzi brodu tal-għadam tat-tiġieġ (ara_riċetta) jew brodu tat-tiġieġ mingħajr melħ

2 weraq tar-rand

2 sa 2½ £ rutabagas, imqaxxra u mqattgħin

2 imgħaref taċ-ċavella friska mqatta'

½ kuċċarina bżar iswed

sagħtar frisk imqatta' (mhux obbligatorju)

1. Fi skutella żgħira, għaqqad il-faqqiegħ porcini u l-ilma jagħli; ħalliha tistrieħ għal 15-il minuta. Neħħi l-faqqiegħ, billi tirriserva l-likwidu tat-tixrib. Qatta l-faqqiegħ. Warrab il-faqqiegħ u l-likwidu tat-tixrib.

2. Roxx it-tiġieġ bil-bżar. Fi skillet extra-kbira b'għatu li jwaħħal sewwa, saħħan 1 tablespoon taż-żejt taż-żebbuġa fuq nar medju-għoli. Sajjar il-biċċiet tat-tiġieġ, f'żewġ lottijiet, f'żejt jaħraq għal madwar 15-il minuta sakemm ikunu kannella ħafif, taqleb darba. Neħħi t-tiġieġ mit-taġen. Żid il-kurrat, il-faqqiegħ portobello, u l-faqqiegħ tal-gajdra. Sajjar minn 4 sa 5 minuti jew sakemm il-faqqiegħ jibda jismar, waqt li ħawwad kultant. Żid pejst tat-tadam, marjoram, u sagħtar; sajjar u ħawwad 1 minuta. Żid l-inbid; sajjar u ħawwad 1 minuta. Żid 3 tazzi tal-brodu tal-għadam tat-tiġieġ, weraq tar-rand, ½ tazza tal-likwidu tat-tixrib tal-faqqiegħ riżervat, u faqqiegħ imqatta mill-ġdid. Erġa' lura t-tiġieġ fit-taġen. Ħallih jagħli; naqqas is-sħana. Ttektek, mgħotti,

3. Sadanittant, f'kazzola kbira, għaqqad ir-rutabagas u t-3 tazzi brodu li jifdal. Jekk meħtieġ, żid l-ilma biex tkopri l-kohlrabi. Ħallih jagħli; naqqas is-sħana. Ttektek, mikxuf, għal 25 sa 30 minuta jew sakemm ir-rutabagas ikunu biss offerti, waqt li tħawwad kultant. Ixxotta r-rutabagas, u rriserva l-likwidu. Irritorna r-rutabagas fil-kazzola. Żid il-kuċċarina ta' żejt taż-żebbuġa li jifdal, iċ-ċavella, u nofs kuċċarina tal-bżar. Bl-użu ta 'masher tal-patata, maxx it-taħlita tal-kohlrabi, u żid likwidu tat-tisjir kif meħtieġ biex tikseb il-konsistenza mixtieqa.

4. Neħħi l-weraq tar-rand mit-taħlita tat-tiġieġ; armi. Servi tiġieġ u zalza fuq puree tar-rutabaga. Jekk mixtieq, sprinkle bis-sagħtar frisk.

DRUMSTICKS GLAZED BRANDY-ĦAWĦ

XOGĦOL TAD-DAR:30 minuta grill: 40 minuta rendiment: 4 porzjonijiet

DAWN IS-SAQAJN TAT-TIĠIEĠ HUMA PERFETTIMA' INSALATA TQARMEĊ U L-PATATA ĦELWA MOĦMIJA PIKKANTI MIR-RIĊETTA TUNEŻINA SPICED PORK SHOULDER (ARARIĊETTA). HAWNHEKK JINTWEREW BI SLAW IQARMEĊ MAR-RAVANELL, MANGO U MINT (ARARIĊETTA).

GLAZE BRANDY TAL-ĦAWĦ

1 tablespoon żejt taż-żebbuġa

½ tazza basla mqatta

2 ħawħ medju frisk, imqatta' bin-nofs, maqlub u mqatta'

2 imgħaref brandi

1 tazza zalza BBQ (arariċetta)

8 koxox tat-tiġieġ (2 sa 2½ liri totali), ġilda mneħħija jekk mixtieq

1. Għall-glaze, f'kazzola medja, saħħan iż-żejt taż-żebbuġa fuq nar medju. Żid il-basla; sajjar madwar 5 minuti jew sakemm tkun delikata, ħawwad kultant. Żid il-ħawħ. Għatti u sajjar minn 4 sa 6 minuti jew sakemm il-ħawħ ikun delikat, waqt li ħawwad kultant. Żid brandi; sajjar, mikxuf, għal 2 minuti, ħawwad kultant. Ħalliha tiksaħ ftit. Ittrasferixxi t-taħlita tal-ħawħ għal blender jew proċessur tal-ikel. Għatti u ħallat jew ipproċessa sakemm tkun lixxa. Żid il-BBQ sauce. Għatti u ħallat jew ipproċessa sakemm tkun lixxa. Erġa' lura ż-zalza fil-kazzola. Sajjar fuq nar medju-baxx sakemm jissaħħan. Ittrasferixxi ¾ tazza zalza għal skutella żgħira għat-tiġieġ. Żomm iz-zalza li fadal sħuna biex isservi mat-tiġieġ grilled.

2. Għal grill tal-faħam tal-kannol, poġġi faħam fuq sħana medja madwar dripp pan. Ipprova sħana medja fuq it-trej tat-taqtir. Poġġi l-koxox tat-tiġieġ fuq l-ixtilliera tal-grill fuq it-trej tad-dripp. Għatti u grill 40 sa 50 minuta jew sakemm it-tiġieġ ma jibqax roża (175°F), iddawwar darba f'nofs ix-xiwi u xkupilja bi ¾ tazza glaze tal-ħawħ tal-brandy għall-aħħar 5 10 minuti mixwi. (Għal grill tal-gass, saħħan minn qabel grill. Naqqas is-sħana għal medja. Aġġusta s-sħana għat-tisjir indirett. Żid il-koxox tat-tiġieġ fuq ix-xtilliera mhux fuq is-sħana. Għatti u grill kif indikat.) .

ĊILI TIĠIEĠ IMMARINAT BIL-MANGO U L-INSALATA TAL-BETTIEH

XOGHOL TAD-DAR:40 minuta Chill/Marinate: 2-4 sigħat Grill: 50 minuta Produzzjoni: 6-8 porzjonijiet

ANCHO CHILE HUWA POBLANO NIEXEF—ĊILI TLEQQ U AHDAR SKUR B'TOGHMA FRISKA INTENSA. CHILES ANCHO GHANDHOM TOGHMA KEMMXEJN TA 'FROTT BI HJIEL TA' GHANBAQAR JEW ŻBIB U BISS HJIEL TA 'IMRAR. NEW MEXICO CHILES JISTA 'JKUN MODERATAMENT SHUN. HUMA Ċ-CHILES AHMAR SKUR LI JIDHRU MIĠBURA FLIMKIEN U MDENDLIN F'RISTRAS, ARRANĠAMENTI IKKULURITI TA 'CHILES IMNIXXEF, F'PARTIJIET TAL-LBIĊ.

TIĠIEĠ

2 chiles imnixxef New Mexico

2 chiles ancho niexef

1 tazza ilma jagħli

3 imgħaref żejt taż-żebbuġa

1 basla ħelwa kbira, imqaxxra u maqtugħa fi flieli ħoxnin

4 tadam Roma, bil-qalba

1 tablespoon tewm ikkapuljat (6 sinniet)

2 kuċċarini kemmun mitħun

1 kuċċarina oregano imnixxef, imfarrak

16-il koxox tat-tiġieġ

INSALATA

2 tazzi bettieħa f'kubi

2 tazzi honeydew kubi

2 kikkri mango f'kubi

¼ tazza meraq tal-ġir frisk

1 kuċċarina trab taċ-chili

½ kuċċarina kemmun mitħun

¼ tazza cilantro frisk imqatta

1. Għat-tiġieġ, neħħi z-zkuk u ż-żerriegħa mill-ancho niexef u ċ-chiles New Mexico. Saħħan skillet kbira fuq nar medju. Ixwi ċ-chiles fil-skillet għal 1 sa 2 minuti jew sakemm fragranti u mixwi ħafif. Poġġi chiles mixwi fi skutella żgħira; żid l-ilma jagħli fl-iskutella. Ħallih joqgħod mill-inqas 10 minuti jew sakemm tkun lesta għall-użu.

2. Preheat grill. Line baking sheet bil-fojl tal-aluminju; brush 1 tablespoon żejt taż-żebbuġa fuq fojl. Irranġa l-flieli tal-basal u t-tadam fit-taġen. Grill madwar 4 pulzieri mis-sħana għal 6 sa 8 minuti jew sakemm jirtab u maħruq. Ixxotta ċ-chiles, billi rriserva l-ilma.

3. Għall-immarinar, fi blender jew proċessur tal-ikel, għaqqad iċ-chiles, il-basla, it-tadam, it-tewm, il-kemmun u l-oregano. Għatti u ħallat jew ipproċessa sakemm tkun bla xkiel, żid ilma riżervat kif meħtieġ biex tagħmel puree u tikseb il-konsistenza mixtieqa.

4. Poġġi t-tiġieġ f'borża tal-plastik kbira li tista' terġa' tissiġilla fuq platt baxx. Ferra l-immarinar fuq it-tiġieġ fil-borża, iddawwar il-borża biex tiksi b'mod uniformi. Ħalli jimmarina fil-friġġ għal 2 sa 4 sigħat, dawwar il-borża kultant.

5. Għall-insalata, fi skutella extra-kbira, għaqqad il-kantaloupe, honeydew, mango, meraq tal-ġir, 2 imgħaref żejt taż-żebbuġa li jifdal, trab taċ-chili, kemmun, u cilantro. Toss għall-kisja. Għatti u kessaħ minn 1 sa 4 sigħat.

6. Għal grill tal-faħam tal-kannol, poġġi faħam fuq sħana medja madwar dripp pan. Ipprova sħana medja fuq il-skillet.

Ixxotta t-tiġieġ, u rriserva l-immarinar. Poġġi t-tiġieġ fuq l-ixtilliera fuq it-trej tad-dripp. Ħassar it-tiġieġ b'mod ġeneruż b'xi ftit mill-immarinar riżervat (armi kwalunkwe immarinat żejjed). Għatti u grill 50 minuta jew sakemm it-tiġieġ ma jibqax roża (175°F), iddawwar darba f'nofs il-grill. (Għal grill tal-gass, saħħan minn qabel grill. Naqqas is-sħana għal medja. Issettja għal tisjir indirett. Ipproċedi kif ordnat, poġġi t-tiġieġ fuq burner mhux mixgħul.) Servi l-koxox tat-tiġieġ bl-insalata.

KOXOX TAT-TIĠIEĠ STIL TANDOORI B'RAITA TAL-ĦJAR

XOGHOL TAD-DAR:20 minuta Immarinat: 2 sa 24 siegħa Ixwi: 25 minuta Produzzjoni: 4 porzjonijiet

IR-RAITA SSIR BIL-ĠEWŻ TAL-ANAKARDJU.KREMA, MERAQ TAL-LUMI, MINT, CILANTRO U ĦJAR. JIPPROVDI KONTROPUNT IĠJENIĊI GHAT-TIĠIEĠ SHUN U PIKKANTI.

TIĠIEĠ

1 basla, maqtugħa f'kunjardi rqaq

1 biċċa ġinġer frisk ta' 2 pulzieri, imqaxxar u mqaxxar

4 sinniet tat-tewm

3 imgħaref żejt taż-żebbuġa

2 imgħaref meraq tal-lumi frisk

1 kuċċarina kemmun mitħun

1 kuċċarina turmeric mitħun

½ kuċċarina allspices mitħun

½ kuċċarina kannella mitħun

½ kuċċarina bżar iswed

¼ kuċċarina bżar cayenne

8 koxox tat-tiġieġ

ĦJAR RAITA

1 tazza krema tal-anakardju (ara riċetta)

1 tablespoon meraq tal-lumi frisk

1 tablespoon mint frisk imqatta

1 tablespoon kosbor frisk maqtugħ fi strixxi

½ kuċċarina kemmun mitħun

⅛ kuċċarina bżar iswed

1 ħjar medju, imqaxxar, żerriegħa u mqatta' (tazza)

Flieli tal-lumi

1. Fi blender jew proċessur tal-ikel, għaqqad il-basla, ġinġer, tewm, żejt taż-żebbuġa, meraq tal-lumi, kemmun, turmeric, allspice, kannella, bżar iswed, u cayenne. Għatti u ħallat jew ipproċessa sakemm tkun lixxa.

2. Bil-ponta ta 'sikkina tal-paring, ittaqqab kull drumstick erba' sa ħames darbiet. Poġġi d-drumsticks f'borża tal-plastik kbira li tista' terġa' tissiġilla mqiegħda fi skutella kbira. Żid it-taħlita tal-basal; dawwar biex tolqot Halli jimmarina fil-friġġ għal 2 sa 24 siegħa, dawwar il-borża kultant.

3. Preheat grill. Neħħi t-tiġieġ mill-immarinar. Uża srievet tal-karti, imsaħ l-immarinar żejjed minn drumsticks. Poġġi d-drumsticks fuq l-ixtilliera ta' xiwi mhux imsaħħna jew folja tal-ħami bir-rimm miksija b'fojl. Grill 6 sa 8 pulzieri mis-sors tas-sħana għal 15-il minuta. Aqleb id-drumsticks; gril madwar 10 minuti jew sakemm it-tiġieġ ma jibqax roża (175°F).

4. Għar-raita, fi skutella medja, għaqqad il-krema tal-anakardju, meraq tal-lumi, mint, cilantro, kemmun, u bżar iswed. Bil-mod żid il-ħjar.

5. Servi tiġieġ bir-raita u wedges tal-lumi.

CURRY TAT-TIĠIEĠ BRAISED B'ĦXEJJEX TAL-GĦERUQ, ASPARAGU, U RELISH TAT-TUFFIEĦ AĦDAR MINT

XOGĦOL TAD-DAR:30 minuta tisjir: 35 minuta mistrieħ: 5 minuti rendimenti: 4 porzjonijiet

2 imgħaref żejt tal-ġewż raffinat jew żejt taż-żebbuġa

2 liri sider tat-tiġieġ bl-għadam, mingħajr ġilda jekk mixtieq

1 tazza basla mqatta

2 imgħaref ġinġer frisk maħkuk

2 imgħaref tewm ikkapuljat

2 imgħaref trab tal-curry bla melħ

2 imgħaref jalapeño mqattgħin u biż-żerriegħa (ara tilt)

4 tazzi brodu tal-għadam tat-tiġieġ (ara riċetta) jew brodu tat-tiġieġ mingħajr melħ

2 patata ħelwa medja (madwar 1 libbra), imqaxxra u mqatta '

2 nevew medji (madwar 6 uqija), imqaxxra u mqattgħin

1 kikkra tadam, żerriegħa u mqatta' dadi

8 uqija asparagu, mirqum u maqtugħ f'biċċiet ta' 1 pulzier

1 bott ta' 13.5 uqija ħalib tal-ġewż sempliċi (bħal Nature's Way)

½ tazza cilantro frisk maqtugħ fi strixxi

Dressing tat-tuffieħ u mint (ara riċetta, hawn taħt)

Flieli tal-lumi

1. F'forn Olandiż ta' 6 kwarti, saħħan iż-żejt fuq nar medju-għoli. Tiġieġ kannella f'lottijiet f'żejt jaħraq, sakemm tismar indaqs, madwar 10 minuti. Ittrasferixxi tiġieġ fuq platt; imwarrba.

2. Dawwar is-sħana għal medju. Żid il-basla, il-ġinġer, it-tewm, it-trab tal-curry, u l-jalapeno fil-borma. Sajjar u ħawwad għal 5 minuti jew sakemm il-basla jirtab. Żid brodu tal-għadam tat-tiġieġ, patata ħelwa, nevew, u tadam. Erġa 'lura l-biċċiet tat-tiġieġ fil-borma, billi tirranġa biex

tgħaddas it-tiġieġ f'kemm jista' jkun likwidu. Naqqas is-sħana għal medju-baxx. Għatti u ħalliha ttektek għal 30 minuta jew sakemm it-tiġieġ ma jibqax roża u l-ħxejjex ikunu teneri. Żid l-ispraġ, il-ħalib tal-ġewż, u l-cilantro. Neħħiha mis-sħana. Ħallih joqgħod għal 5 minuti. Aqta 'tiġieġ mill-għadam, jekk meħtieġ, biex taqsam indaqs fost skutelli li jservu. Servi ma' apple mint sauce u wedges tal-ġir.

Dressing tat-Tuffieħ Mint: Fi proċessur tal-ikel, aqta' ½ tazza qxur tal-ġewż tal-Indi mhux ħelwin sakemm isir trab. Żid tazza weraq taċ-ċilantro frisk u fwar; 1 kikkra weraq tal-mint frisk; 1 tuffieħ Granny Smith, bil-qalba u mqatta'; 2 kuċċarini jalapeño mqattgħin u biż-żerriegħa (aratilt); u 1 tablespoon ta 'meraq tal-lumi frisk. Pulse sakemm imqatta' fin.

INSALATA PAILLARD TAT-TIĠIEĠ GRILLED BIL-LAMPUN, IL-PITRAVI U L-LEWŻ MIXWI

XOGHOL TAD-DAR:30 minuta mixwi: 45 minuta immarinar: 15-il minuta grill: 8 minuti rendimenti: 4 porzjonijiet

½ tazza lewż shiħ

1½ kuċċarina żejt taż-żebbuġa

1 pitravi aħmar medju

1 pitravi tad-deheb medja

2 6 sa 8 oz nofsijiet tas-sider tat-tiġieġ bla għadam bla ġilda

2 tazzi lampun frisk jew iffriżat, imdewweb

3 imgħaref ħall tal-inbid aħmar jew abjad

2 imgħaref estragun frisk imqatta

1 tablespoon shalot ikkapuljat

1 kuċċarina mustarda stil Dijon (arariċetta)

¼ tazza żejt taż-żebbuġa

Bżar iswed

8 tazzi ħass imħallat

1. Għall-lewż, saħħan minn qabel il-forn għal 400 ° F. Ifrex il-lewż fuq folja żgħira tal-ħami u itfa' b'½ kuċċarina żejt taż-żebbuġa. Aħmi madwar 5 minuti jew sakemm ifuħ u deheb. Ħallih jiksaħ. (Il-lewż jista' jiġi mixwi jumejn qabel iż-żmien u jinħażen f'kontenitur mitbuq.)

2. Għall-pitravi, poġġi kull pitravi fuq biċċa żgħira fojl tal-aluminju u drixx kull wieħed b'½ kuċċarina żejt taż-żebbuġa. Kebbeb laxk fojl tal-aluminju madwar il-pitravi u poġġi fuq cookie sheet jew dixx tal-ħami. Ixwi l-pitravi fil-forn f'temperatura ta' 400°F għal 40 sa 50 minuta jew sakemm ikunu offerti meta mtaqqba b'sikkina. Neħħi mill-forn u ħalli joqgħod sakemm jiksaħ biżżejjed biex

63

timmaniġġjaha. B'sikkina tal-kċina, neħħi l-ġilda. Aqta 'l-pitravi f'kunjardi u rriżerva. (Evita li tħallat il-pitravi biex tevita li l-pitravi l-aħmar ma jtebbgħux il-pitravi tad-deheb. Il-pitravi jistgħu jiġu inkaljati ġurnata qabel u mkessħa. Wassal għat-temperatura tal-kamra qabel isservi.)

3. Għat-tiġieġ, aqta 'kull sidra tat-tiġieġ min-nofs orizzontalment. Poġġi kull biċċa tiġieġ bejn żewġ biċċiet tal-plastik. Bl-użu ta 'mallet tal-laħam, ħabbat bil-mod sakemm madwar 1/2-il pulzier ħoxna. Poġġi t-tiġieġ f'dixx baxx u warrab.

4. Għall-vinaigrette, fi skutella kbira, għaffeġ ħafif ¾ tazza lampun bi whisk (irriżerva l-lampun li jifdal għall-insalata). Żid il-ħall, l-estragon, l-iscalot, u l-mustarda ta' Dijon; taħbit biex tħallat. Żid ¼ tazza żejt taż-żebbuġa fi nixxiegħa rqiqa, ħawwad biex tħallat sew. Ferra ½ tazza vinaigrette fuq tiġieġ; aqleb it-tiġieġ biex iksi (riżerva l-vinaigrette li jifdal għall-insalata). Ħalli t-tiġieġ jimmarina f'temperatura tal-kamra għal 15-il minuta. Neħħi t-tiġieġ mill-immarinar u roxx bil-bżar; armi l-immarinar li jifdal fid-dixx.

5. Għal grill tal-faħam jew tal-gass, poġġi t-tiġieġ fuq grill direttament fuq sħana medja. Għatti u grill għal 8 sa 10 minuti jew sakemm it-tiġieġ ma jibqax roża, iddawwar darba f'nofs il-grill. (It-tiġieġ jista' jissajjar ukoll f'taġen tal-grill.)

6. Fi skutella kbira, għaqqad il-ħass, il-pitravi, u 1¼ tazza lampun li jifdal. Ferra vinaigrette riservata fuq insalata; itfa bil-mod biex tiksi. Aqsam l-insalata fost erba 'platti

tas-servizz; fuq kull wieħed b'biċċa sider tat-tiġieġ grilled. Qatta' l-lewż mixwi b'mod oħxon u ferrex fuqu. Servi immedjatament.

SIDER TAT-TIĠIEĠ MIMLI BROKKOLI BI ZALZA TAT-TADAM FRISKA U INSALATA CAESAR

XOGĦOL TAD-DAR:40 minuta kok: 25 minuta rendiment: 6 porzjonijiet

3 imgħaref żejt taż-żebbuġa

2 kuċċarini tewm ikkapuljat

¼ kuċċarina bżar aħmar imfarrak

1 libbra brokkoli raab, mirqum u mqatta

½ tazza żbib tad-deheb mingħajr kubrit

½ tazza ilma

4 5 sa 6 uqija nofsijiet tas-sider tat-tiġieġ bla għadam bla ġilda

1 tazza basla mqatta

3 tazzi tadam imqatta

¼ tazza ħabaq frisk imqatta

2 kuċċarini ħall tal-inbid aħmar

3 imgħaref meraq tal-lumi frisk

2 imgħaref Paleo Mayo (arariċetta)

2 kuċċarini mustarda stil Dijon (arariċetta)

1 kuċċarina tewm ikkapuljat

½ kuċċarina bżar iswed

¼ tazza żejt taż-żebbuġa

10 tazzi ħass romaine mqatta'

1. Fi skillet kbira, saħħan 1 tablespoon taż-żejt taż-żebbuġa fuq nar medju-għoli. Żid it-tewm u l-bżar aħmar imfarrak; sajjar u ħawwad 30 sekonda jew sakemm tfuħ. Żid ir-rabe tal-brokkoli mqatta', iż-żbib u ½ tazza ilma. Għatti u sajjar madwar 8 minuti jew sakemm il-brokkoli raab ikun sarr u delikat. Neħħi l-għatu minn skillet; ħalli l-ilma żejjed jevapora. Imwarrab.

2. Għall-wraps, aqta 'kull sidra tat-tiġieġ fin-nofs tul; poġġi kull biċċa bejn żewġ biċċiet tal-plastik. Uża n-naħa ċatta ta 'mallet tal-laħam, itfaqqa' ħafif it-tiġieġ sakemm tkun ħoxna ta' madwar ¼-il pulzier. Għal kull roll, poġġi madwar ¼ tazza tat-taħlita tal-brokkoli raab fuq waħda mit-truf qosra; roll up, tiwi fuq il-ġenb biex jagħlqu kompletament il-mili. (Ir-rombli jistgħu jsiru sa jum qabel u jitkessħu sakemm ikunu lesti biex issajjar.)

3. Fi skillet kbira, saħħan 1 tablespoon taż-żejt taż-żebbuġa fuq nar medju-għoli. Żid rombli, naħat tal-ħjata 'l isfel. Sajjar madwar 8 minuti jew sakemm tismar min-naħat kollha, iddawwar darbtejn jew tliet darbiet waqt it-tisjir. Ittrasferixxi rombli għal platter.

4. Għaż-zalza, fit-taqlib saħħan 1 tablespoon miż-żejt taż-żebbuġa li jifdal fuq sħana medja. Żid il-basla; sajjar madwar 5 minuti jew sakemm trasluċidi. Żid it-tadam u l-ħabaq. Poġġi r-rombli fuq iz-zalza fit-taġen. Ħallih jagħli fuq nar medju-għoli; naqqas is-sħana. Għatti u ħalliha ttektek madwar 5 minuti jew sakemm it-tadam jibda jkisser iżda xorta jżomm il-forma tiegħu u r-rombli jissaħħnu.

5. Għall-dressing, fi skutella żgħira ħallat flimkien il-meraq tal-lumi, Paleo mayonnaise, mustarda ta' Dijon, tewm u bżar iswed. Drixx b'¼ tazza żejt taż-żebbuġa, ħawwad sakemm jiġi emulsifikat. Fi skutella kbira, ħallat il-dressing mal-ħass romaine mqatta'. Biex isservi, aqsam il-ħass romaine fost sitt platti tas-servizz. Aqta' r-rombli u poġġihom fuq il-ħass romaine; drixx biz-zalza tat-tadam.

TIGIEG GRILLED SHAWARMA WRAPS BIL-ĦXEJJEX ĦWAWAR U DRESSING TAL-ĠEWŻ TAL-ARZNU

XOGĦOL TAD-DAR:20 minuta immarinar: 30 minuta grill: 10 minuti tagħmel: 8 rollijiet (sservi 4)

1½ libbra sider tat-tiġieġ bla għadam u bla ġilda, maqtugħ f'biċċiet ta' 2 pulzieri

5 imgħaref żejt taż-żebbuġa

2 imgħaref meraq tal-lumi frisk

1¾ kuċċarina kemmun mitħun

1 kuċċarina tewm ikkapuljat

1 kuċċarina paprika

½ kuċċarina trab tal-curry

½ kuċċarina kannella mitħun

¼ kuċċarina bżar cayenne

Zucchini medju 1, imqatta 'minn nofs

1 brunġiel żgħir maqtugħ fi flieli ta' ½ pulzier

1 bżar qampiena isfar kbir, imnaqqas bin-nofs u miżrugħ

1 basla ħamra medja, maqtugħa fi kwarti

8 tadam taċ-ċirasa

8 weraq kbar tal-ħass tal-butir

Dressing tal-ġewż tal-arżnu mixwi (ara riċetta)

Flieli tal-lumi

1. Għall-immarinar, fi skutella żgħira, għaqqad 3 imgħaref żejt taż-żebbuġa, meraq tal-lumi, kuċċarina kemmun, tewm, ½ kuċċarina paprika, trab tal-curry, ¼ kuċċarina kannella, u bżar cayenne. Poġġi biċċiet tat-tiġieġ f'borża tal-plastik kbira li tista' terġa' tissiġilla f'dixx baxx. Ferra l-immarinar fuq it-tiġieġ. Issiġilla l-borża; dawwar borża għal kisja. Ħalli jimmarina fil-friġġ għal 30 minuta, dawwar il-borża kultant.

2. Neħħi t-tiġieġ mill-immarinar; armi l-immarinar. Itfa' t-tiġieġ fuq erba' skewers twal.

3. Poġġi l-zucchini, il-brunġiel, il-bżar qampiena, u l-basla fuq folja tal-ħami. Drixx b'2 imgħaref żejt taż-żebbuġa. Ferrex ¾ kuċċarina kemmun li fadal, ½ kuċċarina paprika li fadal, u ¼ kuċċarina kannella li fadal; Togħrok ħafif fuq il-ħaxix. Itfa t-tadam fuq żewġ skewers.

3. Għal grill tal-faħam jew tal-gass, poġġi l-iskewers tat-tiġieġ u t-tadam u l-ħaxix fuq grill fuq sħana medja. Għatti u grill sakemm it-tiġieġ ma jibqax roża u l-ħaxix jinħaraq ħafif u jqarmeċ, u jduru darba. Ħalli 10-12-il minuta għat-tiġieġ, 8-10 minuti għall-ħxejjex, u 4 minuti għat-tadam.

4. Neħħi t-tiġieġ minn skewers. Qatta t-tiġieġ u aqta' l-zucchini, il-brunġiel u l-bżar ħelu f'biċċiet żgħar. Neħħi t-tadam mill-iskewers (tqattax). Poġġi t-tiġieġ u l-ħaxix fuq platter. Biex isservi, mgħarfa ftit tiġieġ u ħaxix fuq weraq tal-ħass; drixx bi dressing tal-ġewż tal-arżnu mixwi. Servi bil-kunjardi tal-lumi.

SIDER TAT-TIĠIEĠ MOĦMI BIL-FAQQIEGĦ, PASTARD MAXX TAT-TEWM U ASPARAGU INKALJAT

IBDA SAT-TMIEM:50 minuta tagħmel: 4 porzjonijiet

4 Nofsijiet tas-sider tat-tiġieġ bl-għadam minn 10 sa 12-il uqija, ġilda mneħħija

3 tazzi faqqiegħ abjad żgħir

1 tazza kurrat imqatta rqiq jew basla safra

2 tazzi brodu tal-għadam tat-tiġieġ (araricetta) jew brodu tat-tiġieġ mingħajr melħ

1 tazza inbid abjad niexef

1 mazz kbir ta 'sagħtar frisk

Bżar iswed

Ħall tal-inbid abjad (mhux obbligatorju)

1 kap ta 'pastard, separati fi florets

12-il sinna tat-tewm imqaxxra

2 imgħaref żejt taż-żebbuġa

Bżar abjad jew cayenne

1 libbra asparagu, imqatta

2 kuċċarini żejt taż-żebbuġa

1. Saħħan minn qabel il-forn għal 400 ° F. Poġġi sider tat-tiġieġ f'dixx tal-ħami rettangolari ta '3-quart; top bil-faqqiegħ u l-kurrat. Ferra l-brodu tal-għadam tat-tiġieġ u l-inbid fuq it-tiġieġ u l-ħaxix. Roxx is-sagħtar fuq nett u ferrex bżar iswed. Għatti d-dixx bil-fojl tal-aluminju.

2. Aħmi għal 35 sa 40 minuta jew sakemm termometru li jinqara immedjatment imdaħħal fit-tiġieġ jirreġistra 170 ° F. Neħħi u armi l-friegħi tas-sagħtar. Jekk mixtieq, ħawwad il-likwidu tal-braising bi tixrid ħall qabel ma sservi.

2. Sadanittant, f'kazzola kbira, sajjar il-pastard u t-tewm f'ilma jagħli biżżejjed biex ikopri madwar 10 minuti jew sakemm ikunu fermi ħafna. Ixxotta l-pastard u t-tewm, u rriżerva 2 imgħaref tal-likwidu tat-tisjir. Fi food processor jew skutella kbira tat-taħlit, poġġi l-pastard u l-likwidu tat-tisjir riservat. Ipproċessa sakemm tkun lixxa* jew maxx b'mash tal-patata; żid 2 imgħaref żejt taż-żebbuġa u ħawwad għat-togħma bil-bżar abjad. Żomm sħun sakemm tkun lesta biex isservi.

3. Irranġa l-ispraġ f'saff wieħed fuq folja tal-ħami. Drixx b'2 kuċċarini żejt taż-żebbuġa u itfa' biex iksi. Roxx bil-bżar iswed. Ixwi f'forn ta' 400°F madwar 8 minuti jew sakemm iqarmeċ, ħawwad darba.

4. Aqsam il-purè tal-pastard bejn sitt platti tas-servizz. Top bit-tiġieġ, faqqiegħ, u kurrat. Drixx bi ftit mil-likwidu tal-braising; servi ma asparagu grilled.

*Nota: Jekk tuża proċessur tal-ikel, oqgħod attent li ma tipproċessax wisq jew il-pastard issir irqaq wisq.

SOPPA TAT-TIĠIEĠ STIL TAJLANDIŻ

XOGĦOL TAD-DAR:30 minuta ta 'iffriżar: 20 minuta ta' tisjir: 50 minuta Rendiment: 4 sa 6 porzjonijiet

TAMARIND HUWA FROTT MORR U MUSKY.UŻAT FIT-TISJIR INDJAN, TAJLANDIŻ U MESSIKAN. ĦAFNA PEJSTS TAT-TAMARIND IPPREPARATI KUMMERĊJALMENT FIHOM IZ-ZOKKOR; KUN ŻGUR LI TIXTRI WIEĦED LI MA FIHIEX. IL-WERAQ TAL-ĠIR KAFFIR JISTGĦU JINSTABU FRISKI, IFFRIŻATI U MNIXXFA FIL-BIĊĊA L-KBIRA TAS-SWIEQ ASJATIĊI. JEKK MA TISTAX ISSIBHOM, IBDEL 1½ KUĊĊARINA QOXRA TAL-ĠIR MAĦKUKA FIN GĦALL-WERAQ F'DIN IR-RIĊETTA.

2 zkuk tal-lemongrass, mirqum

2 imgħaref żejt tal-ġewż mhux raffinat

½ tazza ċavella mqatta' rqiqa

3 sinniet tat-tewm kbar, imqatta 'rqiqa

8 tazzi brodu tal-għadam tat-tiġieġ (araċetta) jew brodu tat-tiġieġ mingħajr melħ

¼ tazza pejst tamarind bla zokkor miżjud (bħal marka Tamicon)

2 imgħaref nori flakes

3 chili Tajlandiżi friski, imqatta' rqiq biż-żerriegħa intatti (aratilt)

3 weraq tal-ġir kaffir

1 biċċa ġinġer ta' 3 pulzieri, imqatta' rqiqa

4 nofsijiet tas-sider tat-tiġieġ bla għadam bla ġilda ta' 6 uqija

1 bott ta' 14.5 uqija mingħajr melħ miżjud tadam imqatta' inkaljat fin-nar, mhux imsaffi

6 uqija asparagu fin, mirqum u mqatta' rqiqa djagonalment f'biċċiet ta' nofs pulzier

½ tazza weraq tal-ħabaq Tajlandiż ippakkjat (araNota)

1. Billi tuża d-dahar ta 'sikkina bi pressjoni soda, tbenġil iz-zkuk tal-lemongrass. Aqta' b'mod fin zkuk imbenġla.

2. F'forn Olandiż, saħħan iż-żejt tal-ġewż fuq sħana medja. Żid il-lemongrass u ċ-chives; sajjar 8 sa 10 minuti, ħawwad

spiss. Żid it-tewm; sajjar u ħawwad 2 sa 3 minuti jew sakemm ifuħ ħafna.

3. Żid il-brodu tal-għadam tat-tiġieġ, pejst tat-tamarind, nori flakes, chilies, weraq tal-ġir, u ġinġer. Ħallih jagħli; naqqas is-sħana. Għatti u sajjar fuq nar baxx għal 40 minuta.

4. Sadanittant, iffriża t-tiġieġ għal 20 sa 30 minuta jew sakemm tkun soda. Aqta' t-tiġieġ fi biċċiet irqaq.

5. Iffiltra s-soppa permezz ta' passatur tal-malja fina ġo kazzola kbira, agħfas b'dahar ta' mgħarfa kbira biex tiġbed it-togħmiet. Armi s-solidi. Ħalli s-soppa tagħli. Żid tiġieġ, tadam mhux imsaffi, asparagu, u ħabaq. Naqqas is-sħana; ħalliha ttektek, mikxufa, għal 2 sa 3 minuti jew sakemm it-tiġieġ ikun imsajjar. Servi immedjatament.

TIĠIEĠ GRILLED LEMON AND SAGE WITH ESCAROLE

XOGHOL TAD-DAR:15-il minuta ta' xiwi: 55 minuta ta' mistrieħ: 5 minuti rendimenti: 4 porzjonijiet

FLIELI TAL-LUMI U WERAQ TAS-SALVJA.IMQIEGHED TAĦT IL-ĠILDA TAT-TIĠIEĠ, JAGHTI TOGHMA LILL-LAHAM WAQT LI JSAJJAR U JOHLOQ DISINN LI JIĠBED L-GHAJN TAĦT IL-ĠILDA IQARMEĊ U MATTA WARA LI TOĦROĠ MILL-FORN.

4 nofsijiet tas-sider tat-tiġieġ bl-għadam (bil-ġilda)

1 lumi, imqatta rqiqa ħafna

4 weraq kbar salvja

2 kuċċarini żejt taż-żebbuġa

2 kuċċarini ħwawar Mediterranju (arariċetta)

½ kuċċarina bżar iswed

2 imgħaref żejt extra verġni taż-żebbuġa

2 shalots, imqatta'

2 sinniet tat-tewm ikkapuljat

4 irjus indivja, imqattgħin bin-nofs tul

1. Saħħan minn qabel il-forn għal 400 ° F. Bl-użu ta 'sikkina tal-paring, ħoll b'attenzjoni kbira l-ġilda minn kull nofs tas-sider, u ħalliha mwaħħla ma' naħa waħda. Poġġi 2 kunjardi tal-lumi u weraq salvja 1 fuq il-laħam ta 'kull sider. Iġbed bil-mod il-ġilda lura f'postha u agħfas bil-mod 'l isfel biex tassigura.

2. Poġġi t-tiġieġ f'taġen tal-inkaljar baxx. Brush tiġieġ b'2 kuċċarini żejt taż-żebbuġa; roxx bi ħwawar Mediterranju u ¼ kuċċarina bżar. Grill, mikxuf, madwar 55 minuta jew sakemm il-ġilda tkun dehbi u iqarmeċ u termometru li

jinqara instantanament jiddaħħal fir-reġistri tat-tiġieġ 170 ° F. Ħalli t-tiġieġ jistrieħu 10 minuti qabel ma sservi.

3. Sadanittant, fi skillet kbira, saħħan iż-2 imgħaref żejt taż-żebbuġa fuq nar medju. Żid l-iscalots; sajjar madwar 2 minuti jew sakemm trasluċidi. Roxx l-indivja bil-kuċċarina ta' bżar li jifdal. Żid it-tewm fit-taġen. Poġġi l-indivja fi skillet, maqtugħin il-ġnub 'l isfel. Sajjar madwar 5 minuti jew sakemm tismar. Aqleb bir-reqqa l-indivja; sajjar minn 2 sa 3 minuti oħra jew sakemm issir offerta. Servi mat-tiġieġ.

TIĠIEĠ BIĊ-ĊAVELLA, KREXXUNI U RAVANELL

XOGHOL TAD-DAR:20 minuta kok: 8 minuti bake: 30 minuta rendiment: 4 porzjonijiet

GHALKEMM JISTA 'JIDHER STRAMB LI ISSAJJAR IR-RAVANELL,HAWN BILKEMM IMSAJJAR, BIŻŻEJJED BIEX ITTAFFI L-GIDMA PIKKANTI TAGHHOM U TTAFFIHOM XI FTIT.

3 imgħaref żejt taż-żebbuġa

4 Nofsijiet tas-sider tat-tiġieġ bl-għadam minn 10 sa 12-il uqija (bil-ġilda)

1 tablespoon tħawwir tal-ħxejjex tal-lumi (araricetta)

¾ tazza ċavella imqatta'

6 ravanell, imqatta rqiqa

¼ kuċċarina bżar iswed

½ tazza vermut abjad niexef jew inbid abjad niexef

⅓ tazza krema tal-anakardju (araricetta)

1 mazz krexxun, zkuk mirqum u mqattgħin

1 tablespoon xibt frisk imqatta

1. Saħħan minn qabel il-forn għal 350 ° F. Fi skillet kbira, saħħan iż-żejt taż-żebbuġa fuq nar medju-għoli. Nixxef it-tiġieġ b'xugaman tal-karti. Sajjar it-tiġieġ, bil-ġenb tal-ġilda 'l isfel, għal 4 sa 5 minuti jew sakemm il-ġilda tkun dehbi u iqarmeċ. Aqleb it-tiġieġ; sajjar madwar 4 minuti jew sakemm tismar. Poġġi t-tiġieġ, in-naħa tal-ġilda 'l fuq, f'dixx tal-ħami baxx. Roxx it-tiġieġ bit-tħawwir tal-ħaxix tal-lumi. Aħmi madwar 30 minuta jew sakemm termometru li jinqara instantanament imdaħħal fit-tiġieġ jirreġistra 170°F.

2. Sadanittant, ferra xaħam kollu ħlief 1 tablespoon minn taġen; Erġa saħħan it-taġen. Żid il-ħaxixa u r-ravanell;

sajjar madwar 3 minuti jew sakemm iċ-ċillej jidbiel. Roxx bil-bżar. Żid il-vermut, ħawwad biex tobrox xi bit kannella. Ħallih jagħli; sajjar sakemm jitnaqqas u jitħaxxen ftit. Żid il-krema tal-anakardju; ħalli jagħli. Neħħi skillet mis-sħana; żid il-krexxun u x-xibt, ħawwad bil-mod sakemm il-krexxun jidbiel. Żid kwalunkwe meraq tat-tiġieġ li nġabar fid-dixx tal-ħami.

3. Aqsam it-taħlita taċ-ċassa f'erba' platti tas-servizz; top bit-tiġieġ.

TIĠIEĠ TIKKA MASALA

XOGĦOL TAD-DAR:30 minuta Immarinat: 4 sa 6 sigħat Sajjar: 15-il minuta Grill: 8 minuti Produzzjoni: 4 porzjonijiet

DAN KIEN ISPIRAT MINN DIXX INDJAN POPOLARI ĦAFNA.LI FORSI MA NĦOLQU XEJN FL-INDJA, IŻDA F'RISTORANT INDJAN FIR-RENJU UNIT. TIKKA MASALA TAT-TIĠIEĠ TRADIZZJONALI TITLOB LI T-TIĠIEĠ JIĠI IMMARINAT FIL-JOGURT U MBAGĦAD IMSAJJAR FI ZALZA TAT-TADAM PIKKANTI BIT-TIKEK BIL-KREMA. MINGĦAJR L-EBDA ĦALIB LI JTAFFI T-TOGĦMA TAŻ-ZALZA, DIN IL-VERŻJONI GĦANDHA TOGĦMA SPEĊJALMENT NADIFA. MINFLOK ROSS, HUWA SERVA FUQ TALJARINI ZUCCHINI IQARMEĊ.

1½ libbra koxox tat-tiġieġ bla għadam, bla ġilda jew nofsijiet tas-sider tat-tiġieġ

¾ tazza ħalib tal-ġewż sempliċi (bħal Nature's Way)

6 sinniet tat-tewm, ikkapuljat

1 tablespoon ġinġer frisk maħkuk

1 kuċċarina kosbor mitħun

1 kuċċarina paprika

1 kuċċarina kemmun mitħun

¼ kuċċarina kardamomu mitħun

4 imgħaref żejt tal-ġewż raffinat

1 tazza karrotti mqattgħin

1 karfus imqatta' rqiq

½ tazza basla mqatta

2 chiles jalapeño jew serrano, miżrugħa (jekk mixtieq) u mqattgħin fin (ara tilt)

1 bott ta' 14.5 uqija mingħajr melħ miżjud tadam imqatta' inkaljat fin-nar, mhux imsaffi

1 bott ta' 8 uqija zalza tat-tadam bla melħ miżjud

1 kuċċarina garam masala mingħajr melħ miżjud

3 zucchini medju

½ kuċċarina bżar iswed

79

1. Jekk tuża koxox tat-tiġieġ, aqta 'kull koxxa fi tliet biċċiet.
   Jekk tuża nofs is-sider tat-tiġieġ, aqta 'kull nofs tas-sider
   f'biċċiet ta' 2 pulzieri, aqta 'porzjonijiet ħoxnin bin-nofs
   orizzontalment biex tagħmel biċċiet irqaq. Poġġi t-tiġieġ
   f'borża tal-plastik kbira li tista' terġa' tissiġilla; imwarrba.
   Għall-immarinar, fi skutella żgħira, għaqqad ½ tazza tal-
   ħalib tal-ġewż, tewm, ġinġer, kosbor, paprika, kemmun u
   kardamomu. Ferra l-immarinar fuq it-tiġieġ fil-borża.
   Issiġilla l-borża u dawwar biex tiksi t-tiġieġ. Poġġi l-borża
   fi skutella medja; immarina fil-friġġ għal 4 sa 6 sigħat,
   dawwar il-borża kultant.

2. Preheat grill. Fi skillet kbira, saħħan 2 imgħaref taż-żejt tal-
   ġewż fuq sħana medja. Żid karrotti, karfus u basal; sajjar
   minn 6 sa 8 minuti jew sakemm il-ħxejjex ikunu teneri,
   waqt li ħawwad kultant. Żid jalapeños; sajjar u ħawwad
   minuta oħra. Żid tadam mhux imsaffi u zalza tat-tadam.
   Ħallih jagħli; naqqas is-sħana. Ttektek, mikxufa, madwar 5
   minuti jew sakemm iż-zalza teħxen ftit.

3. Ixxotta t-tiġieġ, armi l-immarinar. Irranġa l-biċċiet tat-tiġieġ
   f'saff wieħed fuq l-ixtilliera mhux imsaħħan ta 'xiwi. Grill 5
   sa 6 pulzieri mis-sħana 8 sa 10 minuti jew sakemm it-
   tiġieġ ma jibqax roża, iddawwar darba f'nofs ix-xiwi. Żid
   il-biċċiet tat-tiġieġ imsajjar u l-bqija ¼ tazza ħalib tal-
   ġewż mat-taħlita tat-tadam fil-skillet. Sajjar għal 1 sa 2
   minuti jew sakemm jissaħħan. Neħħi min-nar; żid il-garam
   masala.

4. Ittrimmja t-truf tal-zucchini. Permezz ta' cutter julienne,
   aqta' l-zucchini fi strixxi twal u rqaq. Fi skillet extra-kbira,
   saħħan iż-2 imgħaref li jifdal żejt tal-ġewż fuq nar medju-

għoli. Żid strixxi zucchini u bżar iswed. Sajjar u ħawwad għal 2 sa 3 minuti jew sakemm il-zucchini ikun iqarmeċ.

5. Biex isservi, aqsam iż-zucchini fost erba' platti tas-servizz. Top bit-taħlita tat-tiġieġ. Żejjen bil-weraq tal-kosbor.

KOXOX TAT-TIGIEG RAS EL HANOUT

XOGĦOL TAD-DAR:20 minuta kok: 40 minuta rendiment: 4 porzjonijiet

RAS EL HANOUT HUWA RESORTU TAĦLITA TA 'ĦWAWAR EŻOTIĊI MAROKKINI. IL-FRAŻI TFISSER "KAP TAL-ĦANUT" BL-GHARBI, LI TIMPLIKA LI HIJA TAĦLITA UNIKA TAL-AQWA ĦWAWAR LI L-BEJJIEGĦ TAL-ĦWAWAR GĦANDU X'JOFFRI. M'HEMM L-EBDA RIĊETTA STABBILITA GĦAL RAS EL HANOUT, IŻDA ĦAFNA DRABI JKUN FIHA TAĦLITA TA' ĠINĠER, ĦLEWWA, KANNELLA, NOĊEMUSKATA, BŻAR, IMSIEMER TAL-QRONFOL, KARDAMOMU, FJURI MNIXXFA (BHAL LAVANDA U TELA), NIGELLA SEWDA, MACE, GALANGAL U TURMERIC . .

1 tablespoon kemmun mitħun

2 kuċċarini ġinġer mitħun

1½ kuċċarina bżar iswed

1½ kuċċarina kannella mitħun

1 kuċċarina kosbor mitħun

1 kuċċarina bżar cayenne

1 kuċċarina allspice mitħun

½ kuċċarina tal-qronfol mitħun

¼ kuċċarina noċemuskata mitħun

1 kuċċarina ħjut taż-żagħfran (mhux obbligatorju)

4 imgħaref żejt tal-ġewż mhux raffinat

8 koxox tat-tiġieġ bl-għadam

1 pakkett ta '8-uqija faqqiegħ frisk, imqatta'

1 tazza basla mqatta

1 tazza bżar qampiena aħmar, isfar jew aħdar imqatta' (1 kbir)

4 tadam Roma, bil-qalba, biż-żerriegħa, u mqatta'

4 sinniet tat-tewm, ikkapuljat

2 bottijiet ta' 13.5 uqija ħalib tal-ġewż sempliċi (bħal Nature's Way)

3 sa 4 imgħaref meraq tal-lumi frisk

¼ tazza cilantro frisk imqatta' fin

1. Għar-ras el hanout, f'mehrież medju jew skutella żgħira
   għaqqad kemmun, ġinġer, bżar iswed, kannella, kosbor,
   bżar cayenne, allspice, imsiemer tal-qronfol, noċemuskata
   u, jekk tixtieq, żagħfran. Għaffeġ bil-lida jew ħawwad
   b'kuċċarina biex tħallat sew. Imwarrab.

2. Fi skillet extra-kbira, saħħan 2 imgħaref taż-żejt tal-ġewż
   fuq sħana medja. Roxx il-koxox tat-tiġieġ b'1 tablespoon
   ta' ras el hanout. Żid it-tiġieġ ma' skillet; sajjar minn 5 sa 6
   minuti jew sakemm tismar, dawwar darba f'nofs it-tisjir.
   Neħħi t-tiġieġ minn skillet; iżżomm sħun.

3. Fl-istess skillet, saħħan iż-2 imgħaref li jifdal żejt tal-ġewż
   fuq sħana medja. Żid il-faqqiegħ, il-basla, il-bżar
   qampiena, it-tadam u t-tewm. Sajjar u ħawwad madwar 5
   minuti jew sakemm il-ħaxix ikun sarra. Żid ħalib tal-ġewż,
   meraq tal-ġir, u 1 tablespoon ras el hanout. Erġa' lura t-
   tiġieġ fit-taġen. Ħallih jagħli; naqqas is-sħana. Ttektek,
   mgħotti, madwar 30 minuta jew sakemm it-tiġieġ ikun
   sarr (175 ° F).

4. Servi tiġieġ, ħaxix, u zalza fi skutelli. Żejjen bil-cilantro.

Nota: Aħżen il-fdal ta' Ras el Hanout f'kontenitur mgħotti sa
   xahar.

KOXOX TAT-TIĠIEĠ FL-IMMARINAR TAL-KARAMBOLA FUQ SPINAĊI BRAISED

XOGĦOL TAD-DAR:40 minuta Marinade: 4 sa 8 sigħat Sajjar: 45 minuta Produzzjoni: 4 porzjonijiet

JEKK MEĦTIEĠ, NIXXEF IT-TIĠIEĠ.B'XUGAMAN TAL-KARTI WARA LI TOĦROĠ MILL-IMMARINAR QABEL TISMAR FIT-TAĠEN. KWALUNKWE LIKWIDU LI JIBQA' FIL-LAĦAM JITFA' FIŻ-ŻEJT JAĦRAQ.

8 koxox tat-tiġieġ bl-għadam (1½ sa 2 liri), imneħħija mill-ġilda

¾ tazza ħall abjad jew tas-sidru

¾ tazza meraq tal-larinġ frisk

½ tazza ilma

¼ tazza basla mqatta

¼ tazza cilantro frisk imqatta

4 sinniet tat-tewm, ikkapuljat

½ kuċċarina bżar iswed

1 tablespoon żejt taż-żebbuġa

1 carambola (karambola), imqatta'

1 tazza brodu tal-għadam tat-tiġieġ (arariċetta) jew brodu tat-tiġieġ mingħajr melħ

2 pakketti ta' 9 uqija weraq tal-ispinaċi friski

weraq frisk tal-kosbor (mhux obbligatorju)

1. Poġġi tiġieġ f'borma tal-istainless steel jew tal-enamel; imwarrba. Fi skutella medja, għaqqad ħall, meraq tal-larinġ, ilma, basla, ¼ tazza cilantro mqatta, tewm u bżar; ferra fuq it-tiġieġ. Għatti u immarina fil-friġġ għal 4 sa 8 sigħat.

2. Halli t-taħlita tat-tiġieġ tagħli ġo kazzola fuq nar medju-
għoli; naqqas is-sħana. Għatti u ħalliha ttektek għal 35 sa
40 minuta jew sakemm it-tiġieġ ma jibqax roża (175°F).

3. Fi skillet extra-kbira, saħħan iż-żejt fuq nar medju-għoli. Bl-
użu tal-pinzetti, neħħi t-tiġieġ mill-forn Olandiż, ħawwad
bil-mod sabiex il-likwidu tat-tisjir iqattar; irriżerva l-
likwidu tat-tisjir. Brown it-tiġieġ min-naħat kollha,
iddawwar ta' spiss sabiex tismar indaqs.

4. Sadanittant, għaz-zalza, ferra l-likwidu tat-tisjir; Erġa' lura
fil-forn Olandiż. Ħallih jagħli. Għalli madwar 4 minuti biex
tnaqqas u jeħxien ftit; żid il-karambola; għalli għal minuta
oħra. Erġa' lura t-tiġieġ fiz-zalza fil-forn Olandiż. Neħħi
mis-sħana; għatti biex iżżomm sħun.

5. Naddaf it-taġen. Ferra l-brodu tal-għadam tat-tiġieġ ġo
skillet. Ħallih jagħli fuq nar medju-għoli; żid l-ispinaċi.
Naqqas is-sħana; ħalliha ttektek 1 sa 2 minuti jew sakemm
l-ispinaċi jidbiel, waqt li tħawwad kontinwament. Bl-użu
ta' mgħarfa slotted, ittrasferixxi l-ispinaċi għal platt li
jservi. Top bit-tiġieġ u z-zalza. Jekk mixtieq, sprinkle bil-
weraq tal-kosbor.

KABOĊĊI POBLANO U TACOS TAT-TIĠIEĠ BI MAYONNAISE CHIPOTLE

XOGHOL TAD-DAR:25 minuta bake: 40 minuta rendiment: 4 porzjonijiet

ISERVU DAWN TACOS MESSY IMMA FIT-TOGHMAB'FURKETTA BIEX TAQBAD XI MILI LI JAQA' MINN FUQ IL-WERQA TAL-KABOĊĊA KIF TIEKOLHA.

1 tablespoon żejt taż-żebbuġa

2 chiles poblano, miżrugħa (jekk mixtieq) u mqattgħin (ara<u>tilt</u>)

½ tazza basla mqatta

3 sinniet tat-tewm, ikkapuljat

1 tablespoon trab taċ-chili bla melħ

2 kuċċarini kemmun mitħun

½ kuċċarina bżar iswed

1 bott ta' 8 uqija zalza tat-tadam bla melħ miżjud

¾ tazza brodu tal-għadam tat-tiġieġ (ara<u>riċetta</u>) jew brodu tat-tiġieġ mingħajr melħ

1 kuċċarina oregano Messikan imnixxef, imfarrak

1 sa 1½ libbra koxox tat-tiġieġ bla għadam u bla ġilda

10 sa 12 weraq tal-kaboċċi medji għal kbar

Chipotle Paleo Mayo (ara<u>riċetta</u>)

1. Saħħan minn qabel il-forn għal 350 ° F. Fi skillet kbir li ma jgħaddix mill-forn, saħħan iż-żejt fuq nar medju-għoli. Żid il-bżar poblano, il-basla u t-tewm; sajjar u ħawwad għal 2 minuti. Żid trab taċ-chili, kemmun u bżar iswed; sajjar u ħawwad għal minuta oħra (jekk meħtieġ, naqqas is-sħana biex tevita li l-ħwawar jinħarqu).

2. Żid iz-zalza tat-tadam, il-brodu tal-għadam tat-tiġieġ, u l-oregano mal-skillet. Hallih jagħli. Poġġi bir-reqqa l-koxox tat-tiġieġ fit-taħlita tat-tadam. Għatti t-taġen b'għatu.

Aħmi madwar 40 minuta jew sakemm it-tiġieġ ikun sarr (175°F), taqleb darba fin-nofs.

3. Neħħi t-tiġieġ mit-taġen; kessaħ ftit. Uża żewġ frieket, qatgħat it-tiġieġ f'biċċiet żgħar. Żid tiġieġ imqatta' mat-taħlita tat-tadam fi skillet.

4. Biex isservi, poġġi t-taħlita tat-tiġieġ fuq il-weraq tal-kaboċċi; top bi Chipotle Paleo Mayo.

STEW TAT-TIĠIEĠ B'ZNNARIJA TAT-TRABI U BOK CHOY

XOGHOL TAD-DAR:15-il minuta ta' tisjir: 24 minuta ta' mistrieħ: 2 minuti jipproduċu: 4 porzjonijiet

BABY BOK CHOY HUWA DELIKAT ĦAFNAU JISTA 'JISSAJJAR IŻŻEJJED F'INSTANT. BIEX IŻŻOMMHA IQARMEĊ U B'TOGĦMA FRISKA, MHUX IMTAQQBA JEW IMXARRBA, KUN ŻGUR LI TKUN STEAMED FIL-BORMA SĦUNA MGĦOTTIJA (OFF-SĦANA) GĦAL MHUX AKTAR MINN 2 MINUTI QABEL MA SSERVI L-ISTUFFAT.

2 imgħaref żejt taż-żebbuġa

1 kurrat, imqatta' (partijiet bojod u ħodor ċari)

4 tazzi brodu tal-għadam tat-tiġieġ (araricetta) jew brodu tat-tiġieġ mingħajr melħ

1 tazza inbid abjad niexef

1 tablespoon mustarda stil Dijon (araricetta)

½ kuċċarina bżar iswed

1 sprig ta 'sagħtar frisk

1¼ libbra koxox tat-tiġieġ bla għadam u bla ġilda, maqtugħin f'biċċiet ta' 1 pulzier

8 uqija karrotti tat-trabi, tops fuq, mqaxxrin, mirqum, u mnaqqsa bin-nofs tul, jew 2 karrotti medji, imqattgħin fuq il-preġudizzju

2 kuċċarini qoxra tal-lumi maħkuka fin (riżerva)

1 tablespoon meraq tal-lumi frisk

2 irjus baby bok choy

½ kuċċarina sagħtar frisk imqatta'

1. F'kazzola kbira saħħan 1 tablespoon żejt taż-żebbuġa fuq sħana medja. Sajjar il-kurrat fiż-żejt jaħraq għal 3 sa 4 minuti jew sakemm jirtab. Żid brodu tal-għadam tat-tiġieġ, inbid, mustarda stil Dijon, ¼ kuċċarina bżar, u sprig sagħtar. Ħallih jagħli; naqqas is-sħana. Sajjar għal 10 sa 12-il minuta jew sakemm il-likwidu jitnaqqas b'madwar terz. Armi l-sprig tas-sagħtar.

2. Sadanittant, f'forn Olandiż, saħħan il-kuċċarina żejt taż-żebbuġa li jifdal fuq nar medju-għoli. Roxx it-tiġieġ b'¼ kuċċarina bżar li jifdal. Sajjar fiż-żejt jaħraq madwar 3 minuti jew sakemm tismar, ħawwad kultant. Ixxotta x-xaħam jekk meħtieġ. Żid bir-reqqa t-taħlita tal-brodu mnaqqsa mal-borma, billi tobrox xi bit kannella; żid karrotti. Ħallih jagħli; naqqas is-sħana. Ttektek, mikxuf, għal 8 sa 10 minuti jew sakemm il-karrotti jkunu teneri. Żid il-meraq tal-lumi. Aqta 'l-bok choy bin-nofs tul. (Jekk l-irjus tal-bok choy huma kbar, aqtagħhom fi kwarti.) Poġġi l-bok choy fuq it-tiġieġ fil-borma. Għatti u neħħi mis-sħana; ħalliha tistrieħ għal 2 minuti.

3. Servi l-istuffat fi skutelli baxxi. Roxx bil-qoxra tal-lumi u strixxi tas-sagħtar.

TIGIEG ĦAWWAD FRY MAL-ANAKARDJU U L-LARING U L-BZAR ĦELU FUQ WRAPS TAL-ĦASS

ISSIB ŻEWĠ TIPI TA 'ŻEJT TAL-ĠEWŻ FUQ L-IXKAFEF, RAFFINAT U EXTRA VERĠNI, JEW MHUX RAFFINAT. KIF JIMPLIKA ISMU, IŻ-ŻEJT EXTRA VERĠNI TAL-ĠEWŻ ĠEJ MILL-EWWEL TAGĦSIR TAL-ĠEWŻ TAL-INDI FRISK U NEJ. HIJA DEJJEM L-AĦJAR GĦAŻLA META TISJIR FUQ SĦANA MEDJA JEW MEDJA-GĦOLJA. IŻ-ŻEJT TAL-ĠEWŻ RAFFINAT GĦANDU PUNT TA 'DUĦĦAN OGĦLA, GĦALHEKK UŻAH BISS META ISSAJJAR FUQ SĦANA GĦOLJA.

1 tablespoon żejt tal-ġewż raffinat

1½ sa 2 libbra koxox tat-tiġieġ bla għadam u bla ġilda, maqtugħin fi strixxi rqaq ta' daqs tal-gidma

3 bżar ħelu aħmar, oranġjo u/jew isfar, biż-zokk, miżrugħ, u mqatta' rqiq fi strixxi daqs gidma

1 basla ħamra, imqatta' bin-nofs għat-tul u mqatta' rqiq

1 kuċċarina qoxra tal-lariġ maħkuka fin (riżerva)

½ tazza meraq tal-lariġ frisk

1 tablespoon ġinġer frisk imqatta'

3 sinniet tat-tewm, ikkapuljat

1 tazza anakardju nejjin mingħajr melħ, mixwi u mqatta' oħxon (ara<u>tilt</u>)

½ tazza ċavella ħadra mqatta' (4)

8 sa 10 folji ta 'butir jew ħass iceberg

1. F'wok jew skillet kbir, saħħan iż-żejt tal-ġewż fuq nar għoli. Żid tiġieġ; sajjar u ħawwad għal 2 minuti. Żid il-bżar u l-basla; sajjar u ħawwad għal 2 sa 3 minuti jew sakemm il-ħaxix jibda jirtab. Neħħi t-tiġieġ u l-ħaxix mill-wok; iżżomm sħun.

2. Imsaħ il-wok nadif b'xugaman tal-karti. Żid il-meraq tal-
laring, mal-wok. Sajjar madwar 3 minuti jew sakemm il-
meraq jagħli u jnaqqas ftit. Żid il-ġinġer u t-tewm. Sajjar u
ħawwad għal minuta. Erġa' lura t-taħlita tat-tiġieġ u l-bżar
fil-wok. Żid il-qoxra tal-laринġ, l-anakardju, u ċ-chives.
Servi fry fuq weraq tal-ħass.

TIĠIEĠ VJETNAMIŻ BIL-COCONUT U LEMONGRASS

IBDA SAT-TMIEM:30 minuta jagħmel: 4 porzjonijiet

DAN IL-CURRY TAL-ĠEWŻ TA' MALAJRJISTA 'JKUN FUQ IL-MEJDA FI 30 MINUTA MILL-ĦIN LI TIBDA SNACK, LI JAGĦMILHA IKLA IDEALI GĦAL ĠIMGĦA IMPENJATTIVA.

1 tablespoon żejt tal-ġewż mhux raffinat

4 zkuk tal-lemongrass (partijiet ċari biss)

1 faqqiegħ tal-gajdra f'pakkett ta' 3.2 uqija, imqatta'

1 basla kbira, imqatta' rqiqa, ċrieki mqattgħin bin-nofs

1 jalapeno frisk, żerriegħa u mqatta' fin (ara tilt)

2 imgħaref ġinġer frisk imqatta

3 sinniet tat-tewm, ikkapuljat

1½ libbra koxox tat-tiġieġ bla għadam, bla ġilda, imqatta' rqiqa u mqattgħin fin

½ tazza ħalib tal-ġewż sempliċi (bħal Nature's Way)

½ tazza brodu tal-għadam tat-tiġieġ (ara riċetta) jew brodu tat-tiġieġ mingħajr melħ

1 tablespoon trab tal-curry aħmar bla melħ

½ kuċċarina bżar iswed

½ tazza weraq tal-ħabaq frisk imqatta'

2 imgħaref meraq tal-ġir frisk

Ġewż tal-Indi mqatta' mhux ħelu (mhux obbligatorju)

1. Fi skillet extra-kbira, saħħan iż-żejt tal-ġewż fuq sħana medja. Żid lemongrass; sajjar u ħawwad 1 minuta. Żid faqqiegħ, basla, jalapeno, ġinġer, u tewm; sajjar u ħawwad 2 minuti jew sakemm il-basla tkun delikata. Żid tiġieġ; sajjar madwar 3 minuti jew sakemm it-tiġieġ ikun imsajjar.

2. Fi skutella żgħira, għaqqad il-ħalib tal-ġewż tal-Indi, il-brodu tal-għadam tat-tiġieġ, it-trab tal-curry, u l-bżar

iswed. Żid mat-taħlita tat-tiġieġ fi skillet; sajjar minuta jew sakemm il-likwidu jeħxen ftit. Neħħi mis-sħana; żid ħabaq frisk u meraq tal-ġir. Jekk mixtieq, sprinkle porzjonijiet bil-ġewż.

INSALATA GRILLED CHICKEN U APPLE ESCAROLE

XOGĦOL TAD-DAR:30 minuta grill: 12-il minuta rendiment: 4 porzjonijiet

JEKK TIXTIEQ TUFFIEĦ ĦELUMUR MA HONEYCRISP. JEKK TIXTIEQ TORTA TAT-TUFFIEĦ, UŻA GRANNY SMITH JEW, GĦALL-BILANĊ, IPPROVA TAĦLITA TAŻ-ŻEWĠ VARJETAJIET.

3 tuffieħ medju Honeycrisp jew Granny Smith

4 kuċċarini żejt extra verġni taż-żebbuġa

½ tazza shalots mqattgħin fin

2 imgħaref tursin frisk imqatta'

1 tablespoon tħawwir tat-tjur

3 sa 4 irjus indivja, kwarti

1 libbra tat-tiġieġ mitħun jew sider tad-dundjan

⅓ tazza ġellewż mixwi mqatta*

⅓ tazza vinaigrette Franċiża klassika (ara riċetta)

1. Aqta' bin-nofs u qalbu t-tuffieħ. Qaxxar u aqta 'b'mod fin 1 mit-tuffieħ. Fi skillet medju saħħan 1 kuċċarina żejt taż-żebbuġa fuq sħana medja. Żid it-tuffieħ imqatta' u s-shallots; sajjar sakemm tkun offerta. Żid it-tursin u t-tħawwir tat-tjur. Ħallih jiksaħ.

2. Sadanittant, qaleb iż-2 tuffieħ li jifdal u aqta' f'biċċiet. Agħfas il-ġnub maqtugħin tal-flieli tat-tuffieħ u l-indivja biż-żejt taż-żebbuġa li fadal. Fi skutella kbira għaqqad it-tiġieġ u t-taħlita tat-tuffieħ imkessaħ. Aqsam fi tmien porzjonijiet; ifforma kull porzjon f'patty ta' dijametru ta' 2 pulzieri.

3. Għal grill tal-faħam jew tal-gass, poġġi l-patties tat-tiġieġ u l-flieli tat-tuffieħ fuq grill direttament fuq sħana medja. Għatti u grill għal 10 minuti, taqleb darba f'nofs il-grill. Żid

il-ġnub maqtugħin tal-indivja 'l isfel. Għatti u grill għal 2 sa 4 minuti jew sakemm l-indivja tkun maħruqa ħafif, it-tuffieħ tat-trabi u l-patties tat-tiġieġ isiru (165°F).

4. Qatta' l-eskarola f'biċċiet kbar. Aqsam l-eskarola fost erba' platti tas-servizz. Top bi patties tat-tiġieġ, flieli tat-tuffieħ, u ġellewż. Drixx bil-vinaigrette klassika Franċiża.

* Tip: Biex toast il-ġellewż, saħħan minn qabel il-forn għal 350 ° F. Ifrex il-ġewż f'saff wieħed f'dixx tal-ħami baxx. Aħmi minn 8 sa 10 minuti jew sakemm ixwi ftit, waqt li ħawwad darba biex kannella indaqs. Kessaħ ftit il-ġewż. Poġġi l-ġewż sħun fuq xugaman nadif tal-kċina; Togħrok b'xugaman biex tneħħi l-ġilda maħlula.

SOPPA TAT-TIĠIEĠ TOSKANA BI ŻIGARELLI KALE

XOGĦOL TAD-DAR:Sajjar 15-il minuta: 20 minuta Rendiment: 4 sa 6 porzjonijiet

MGĦARFA PESTO—L-GĦAŻLA TIEGĦEK TAL-ĦABAQ JEW TAR-RUGULA — IŻID TOGĦMA KBIRA LIL DIN IS-SOPPA TOGĦMA MĦAWWRA BI ĦWAWAR TAT-TJUR MINGĦAJR MELĦ. BIEX IŻŻOMM IŻ-ŻIGARELLI TAL-KABOĊĊI ĦODOR JGĦAJJAT U KEMM JISTA 'JKUN IPPAKKJATI B'NUTRIJENTI, SAJJARHOM BISS SAKEMM JIDBIEL.

1 libbra tiġieġ mitħun

2 imgħaref bla melħ miżjud tħawwir tat-tjur

1 kuċċarina qoxra tal-lumi maħkuka fin

1 tablespoon żejt taż-żebbuġa

1 tazza basla mqatta

½ tazza karrotti mqattgħin

1 tazza karfus imqatta'

4 sinniet tat-tewm, imqatta'

4 tazzi brodu tal-għadam tat-tiġieġ (ara<u>riċetta</u>) jew brodu tat-tiġieġ mingħajr melħ

1 14.5-uqija jista 'ebda melħ miżjud tadam inkaljat tan-nar, mhux imsaffi

1 mazz Lacinato (Toskan) kale, zkuk imneħħija, maqtugħin fi strixxi

2 imgħaref meraq tal-lumi frisk

1 kuċċarina sagħtar frisk imqatta

Pesto tal-ħabaq jew rokit (ara<u>riċetti</u>)

1. Fi skutella medja, għaqqad tiġieġ mitħun, ħwawar tat-tjur, u qoxra tal-lumi. Ħallat sew.

2. F'forn Olandiż, saħħan iż-żejt taż-żebbuġa fuq sħana medja. Żid it-taħlita tat-tiġieġ, il-basla, il-karrotti u l-karfus; sajjar minn 5 sa 8 minuti jew sakemm it-tiġieġ ma jibqax roża, ħawwad b'kuċċarina tal-injam biex tkisser il-laħam u żżid

97

it-tewm imqatta 'flejjel matul l-aħħar minuta tat-tisjir. Żid il-brodu tal-għadam tat-tiġieġ u t-tadam. Ħallih jagħli; naqqas is-sħana. Għatti u sajjar fuq nar baxx għal 15-il minuta. Żid il-kale, il-meraq tal-lumi, u s-sagħtar. Ttektek, mikxuf, madwar 5 minuti jew sakemm il-kale tkun delikata.

3. Biex isservi, imgħarfa s-soppa fi skutelli u fuqha bil-pesto tal-ħabaq jew tar-rugula.

TIGIEG LARB

XOGHOL TAD-DAR:15-il minuta sajjar: 8 minuti kessaħ: 20 minuta rendiment: 4 porzjonijiet

DIN IL-VERZJONI TAD-DIXX POPOLARI TAJLANDIZTA 'TIGIEG MITHUN IMHAWWAR HAFNA U HXEJJEX SERVUTI FUQ WERAQ TAL-HASS HUWA OERHÖRT HAFIF U TOGHMA, MINGHAJR IZ-ZOKKOR MIZJUD, MELH, U ZALZA TAL-HUT (LI HIJA GHOLJA HAFNA FIS-SODJU) LI HUMA TRADIZZJONALMENT PARTI MIL-LISTA TAL-INGREDJENTI. BIT-TEWM, CHILIES TAJLANDIZ, LEMONGRASS, QOXRA TAL-GIR, MERAQ TAL-GIR, NAGHNIEGH U KOSBOR, DAWN MHUX SE JITILFU.

1 tablespoon żejt tal-ġewż raffinat

2 liri tiġieġ mithun (95% sider dgħif jew mithun)

8 uqija faqqiegħ, imqatta fin

1 tazza basla ħamra mqatta' fin

1 sa 2 chiles Tajlandiżi, miżrugħa u mqattgħin fin (aratilt)

2 imgħaref tewm ikkapuljat

2 imgħaref lemongrass imqatta' fin*

¼ kuċċarina sinniet mithun

¼ kuċċarina bżar iswed

1 tablespoon qoxra tal-ġir maħkuka fin

½ tazza meraq tal-ġir frisk

⅓ tazza weraq tal-mint frisk ippakkjati sewwa, imqattgħin

⅓ tazza cilantro frisk ippakkjat sewwa, imqatta'

Hass iceberg ras 1, separat f'weraq

1. Fi skillet extra-kbira, saħħan iż-żejt tal-ġewż fuq nar medju-għoli. Żid tiġieġ mithun, faqqiegħ, basla, ċil(i), tewm, lemongrass, qronfol, u bżar iswed. Sajjar minn 8 sa 10 minuti jew sakemm it-tiġieġ ikun imsajjar, ħawwad b'kuċċarina tal-injam biex tkisser il-laħam hekk kif

issajjar. Ixxotta jekk meħtieġ. Ittrasferixxi t-taħlita tat-
tiġieġ għal skutella kbira żejjed. Ħallih jiksaħ madwar 20
minuta jew sakemm ftit aktar sħun mit-temperatura tal-
kamra, ħawwad kultant.

2. Żid il-qoxra tal-ġir, meraq tal-ġir, mint, u cilantro mat-taħlita
   tat-tiġieġ. Servi fuq weraq tal-ħass.

* Tip: Biex tipprepara l-lemongrass, ser ikollok bżonn sikkina
  li taqta '. Aqta 'z-zokk ta' l-injam fil-qiegħ taż-zokk u l-
  weraq ħodor iebsa fil-quċċata tal-pjanta. Neħħi ż-żewġ
  saffi ta' barra iebsin. Għandu jkollok biċċa lemongrass li
  tkun twila madwar 6 pulzieri u ta' kulur isfar ċar. Aqta 'z-
  zokk min-nofs orizzontalment, imbagħad erġa' aqta' kull
  nofs bin-nofs. Aqta' kull kwart taz-zokk fi flieli rqaq ħafna.

BURGERS TAT-TIGIEG BI ZALZA TAL-ANAKARDJU SZECHWAN

XOGHOL TAD-DAR:30 minuta sajjar: 5 minuti grill: 14-il minuta jaghmel: 4 porzjonijiet

ŻEJT TAĊ-CHILI MAGHMUL BIT-TISHINŻEJT TAŻ-ŻEBBUĠA BIL-BŻAR AĦMAR IMFARRAK JISTA 'JINTUŻA B'MODI OĦRA WKOLL. UŻAHA BIEX THAWWAD IL-HAXIX FRISK, JEW ITFAGĦHOM BI FTIT ŻEJT TAĊ-CHILI QABEL IX-XIWI.

2 imgħaref żejt taż-żebbuġa

¼ kuċċarina bżar aħmar imfarrak

2 tazzi anakardju nejjin, mixwi (aratilt)

¼ tazza żejt taż-żebbuġa

½ tazza zucchini maħkuk

¼ tazza ċavella mqatta' fin

2 sinniet tat-tewm ikkapuljat

2 kuċċarini qoxra tal-lumi maħkuka fin

2 kuċċarini ġinġer frisk maħkuk

1 libbra tat-tiġieġ mitħun jew sider tad-dundjan

ZALZA TAL-ANAKARDJU SZECHWAN

1 tablespoon żejt taż-żebbuġa

2 imgħaref taċ-ċavella mqatta' fin

1 tablespoon ġinġer frisk maħkuk

1 kuċċarina trab Ċiniż ħames ħwawar

1 kuċċarina meraq tal-lumi frisk

4 weraq tal-ħass aħdar jew tal-weraq tal-butir

1. Għaż-żejt taċ-chili, ġo kazzola żgħira għaqqad iż-żejt taż-żebbuġa u l-bżar aħmar imfarrak. Saħħan fuq nar baxx għal 5 minuti. Neħħi mis-sħana; ħalli jiksaħ.

2. Għall-butir tal-anakardju, poġġi l-anakardju u 1 tablespoon taż-żejt taż-żebbuġa ġo blender. Għatti u ħawwad sakemm

101

tinħoloq krema, tieqaf biex tobrox il-ġnub kif meħtieġ u żżid żejt taż-żebbuġa addizzjonali, 1 tablespoon kull darba, sakemm il-¼ tazza kollha tkun intużat u l-butir ikun lixx ħafna; imwarrba.

3. Fi skutella kbira, għaqqad il-zucchini, scallions, tewm, qoxra tal-lumi, u 2 kuċċarini ġinġer. Żid tiġieġ mitħun; ħawwad sew. Agħmel it-taħlita tat-tiġieġ f'erba' patties ħoxnin ta' nofs pulzier.

4. Għal grill tal-faħam jew tal-gass, poġġi burgers fuq xtilliera oiled direttament fuq sħana medja. Għatti u grill 14 sa 16-il minuta jew sakemm imsajjar (165°F), taqleb darba f'nofs il-grill.

5. Sadanittant, għaz-zalza, f'taġla żgħira saħħan iż-żejt taż-żebbuġa fuq nar medju. Żid iċ-ċassa u 1 tablespoon ġinġer; sajjar fuq nar medju-baxx għal 2 minuti jew sakemm iċ-ċavella tkun irattab. Żid ½ tazza butir tal-anakardju (friġġ il-butir tal-anakardju li jifdal sa ġimgħa), żejt taċ-chili, meraq tal-lumi, u trab tal-ħames ħwawar. Sajjar għal 2 minuti oħra. Neħħiha mis-sħana.

6. Servi empanadas fuq weraq tal-ħass. Drixx biz-zalza.

GARŻI TAT-TIĠIEĠ TORK

XOGHOL TAD-DAR:25 minuta mistrieħ: 15-il minuta sajjar: 8 minuti rendiment: 4 sa 6 porzjonijiet

"BAHARAT" SEMPLIĊEMENT TFISSER "ĦWAWAR" BL-GHARBI.ĦWAWAR GHAL KULL SKOP FIT-TISJIR TAL-LVANT NOFSANI, HAFNA DRABI JINTUŻA BHALA TIXRID FUQ HUT, TJUR U LAHAM JEW IMHALLAT MAŻ-ŻEJT TAŻ-ŻEBBUĠA U JINTUŻA BHALA IMMARINAT TAL-HXEJJEX. IL-KOMBINAZZJONI TA 'ĦWAWAR HELWIN U SHAN BHAL KANNELLA, KEMMUN, KOSBOR, IMSIEMER TAL-QRONFOL U PAPRIKA TAGHMILHA PARTIKOLARMENT AROMATIKA. IŻ-ŻIEDA TA 'MINT IMNIXXEF HIJA TOUCH TORK.

⅓ tazza berquq imnixxef mhux sulfurat, imqatta'

⅓ tazza tin imqadded imqatta

1 tablespoon żejt tal-ġewż mhux raffinat

1½ libbra sider tat-tiġieġ mitħun

3 tazzi kurrat imqatta' (partijiet bojod u aħdar ċar biss) (3)

⅔ ta' bżar ħelu aħdar u/jew aħmar medju, imqatta' rqiq

2 imgħaref tħawwir Baharat (ara riċetta, hawn taħt)

2 sinniet tat-tewm ikkapuljat

1 kikkra tadam biż-żerriegħa, imqatta' (2 medji)

1 tazza ħjar miżrugħ, imqatta' (½ ta' daqs medju)

½ tazza pistaċċi bla melħ, imqaxxra u mqattgħin, mixwi (ara tilt)

¼ tazza mint frisk imqatta

¼ tazza tursin frisk imqatta

8 sa 12-il weraq kbir tal-butir jew ħass Bibb

1. Poġġi l-berquq u t-tin fi skutella żgħira. Żid ⅔ tazza ilma jagħli; ħalliha tistrieħ għal 15-il minuta. Ixxotta, irriżerva ½ tazza tal-likwidu.

2. Sadanittant, fi skillet extra-kbira, saħħan iż-żejt tal-ġewż fuq
   sħana medja. Żid tiġieġ mitħun; sajjar 3 minuti, ħawwad
   b'kuċċarina tal-injam biex tkisser il-laħam hekk kif
   issajjar. Żid kurrat, bżar ħelu, ħwawar Baharat u tewm;
   sajjar u ħawwad madwar 3 minuti jew sakemm it-tiġieġ
   ikun imsajjar u l-bżar ikun der. Żid il-berquq, it-tin, il-
   likwidu riżervat, it-tadam, u l-ħjar. Sajjar u ħawwad
   madwar 2 minuti jew sakemm it-tadam u l-ħjar jibdew
   jitkissru. Żid il-pistaċċi, mint, u tursin.

3. Servi tiġieġ u ħaxix fuq weraq tal-ħass.

Tħawwir Baharat: Fi skutella żgħira, għaqqad 2 imgħaref
   paprika ħelwa; 1 tablespoon bżar iswed; 2 kuċċarini mint
   imnixxef, imfarrak fin; 2 kuċċarini kemmun mitħun; 2
   kuċċarini kosbor mitħun; 2 kuċċarini kannella mitħun; 2
   kuċċarini ta 'qronfol mitħun; 1 kuċċarina noċemuskata
   mitħun; u 1 kuċċarina kardamomu mitħun. Aħżen
   f'kontenitur magħluq sewwa f'temperatura tal-kamra.
   Jagħmel madwar ½ tazza.

TIĠIEĠ TAL-CORNISH SPANJOLI

XOGĦOL TAD-DAR:10 minuti bake: 30 minuta mixwi: 6 minuti Produzzjoni: 2 sa 3 porzjonijiet

DIN IR-RIĊETTA MA SETGĦETX TKUN AKTAR FAĊLI."U R-RIŻULTATI HUMA ASSOLUTAMENT TAL-GĦAĠEB." AMMONTI KBAR TA 'PAPRIKA AFFUMIKAT, TEWM, U LUMI JAGĦTU LIL DAWN L-GĦASAFAR DIMINUTTIVI TOGĦMA KBIRA.

2 1½ libbra Tiġieġ Cornish, imdewweb jekk iffriżat

1 tablespoon żejt taż-żebbuġa

6 sinniet tat-tewm, ikkapuljat

2 sa 3 imgħaref paprika ħelwa affumikata

¼ sa ½ kuċċarina bżar cayenne (mhux obbligatorju)

2 lumi, kwarti

2 imgħaref tursin frisk imqatta' (mhux obbligatorju)

1. Saħħan il-forn għal 375°F. Għat-tiġieġ tal-kaċċa kwart, uża mqass tal-kċina jew sikkina li taqta 'biex taqta' tul iż-żewġ naħat tas-sinsla dejqa. Iftaħ l-għasfur bil-farfett u aqta' t-tiġieġ min-nofs mis-sider. Neħħi l-kwarti ta' wara billi taqta' l-ġilda u l-laħam li tissepara l-koxox mis-sider. Żomm il-ġwienaħ u s-sider intatti. Ogħrok iż-żejt taż-żebbuġa fuq il-biċċiet tat-tiġieġ Cornish. Roxx bit-tewm ikkapuljat.

2. Poġġi biċċiet tat-tiġieġ, in-naħa tal-ġilda 'l fuq, fi skillet extra-kbira li ma jgħaddix mill-forn. Roxx bil-paprika affumikata u l-cayenne. Agħfas il-kwarti tal-lumi fuq it-tiġieġ; żid kwarti tal-lumi fit-taġen. Dawwar il-biċċiet tat-tiġieġ in-naħa tal-ġilda 'l isfel fit-taġen. Għatti u aħmi għal 30 minuta. Neħħi taġen mill-forn.

3. Preheat grill. Bl-użu tal-pinzetti, aqleb il-biċċiet. Aġġusta l-ixtilliera tal-forn. Grill 4 sa 5 pulzieri mis-sħana għal 6 sa 8 minuti sakemm il-ġilda tkun kannella u t-tiġieġ ikunu lesti (175 ° F). Drixx bil-meraq tal-pan. Jekk mixtieq, sprinkle bit-tursin.

SIDER TAL-PAPRA BI GRANADA U INSALATA JICAMA

XOGĦOL TAD-DAR:15-il minuta sajjar: 15-il minuta rendiment: 4 porzjonijiet

AQTA MUDELL TAD-DJAMANTI FUQ IL-IX-XAĦAM MIS-SIDER TAL-PAPRA JIPPERMETTI LI X-XAĦAM IQATTAR WAQT IT-TISJIR TAS-SIDER IMĦAWWAR GARAM MASALA. IX-XAĦAM HUWA KKOMBINAT MA 'JICAMA, ŻERRIEGĦA TAR-RUMMIEN, MERAQ TAL-LARINĠ, U BRODU TAĊ-ĊANGA U MĦALLAT MA' ĦAXIX PIKKANTI BIEX IDBIELHOM FTIT.

4 sider tal-papra Muscovy bla għadam (madwar 1½ sa 2 liri totali)

1 tablespoon garam masala

1 tablespoon żejt tal-ġewż mhux raffinat

2 tazzi jicama imqaxxra u maqtugħa kubi

½ tazza żerriegħa tar-rummien

¼ tazza meraq tal-larinġ frisk

¼ tazza brodu tal-għadam taċ-ċanga (ara riċetta) jew brodu taċ-ċanga bla melħ miżjud

3 tazzi krexxuni, mingħajr zkuk

3 tazzi frisée mqatta' u/jew indivja Belġjana mqatta' rqiqa

1. Bl-użu ta 'sikkina li taqta', agħmel qatgħat baxxi f'forma ta 'djamant fix-xaħam tas-sider tal-papra f'intervalli ta' 1 pulzier. Roxx iż-żewġ naħat tan-nofsijiet tas-sider bil-garam masala. Saħħan skillet extra-kbira fuq sħana medja. Dewweb iż-żejt tal-ġewż fit-taqlib sħun. Poġġi n-nofsijiet tas-sider, in-naħa tal-ġilda 'l isfel, fil-skillet. Sajjar għal 8 minuti naħa tal-ġilda 'l isfel, oqgħod attent li ma kannella malajr wisq (naqqas is-sħana jekk meħtieġ). Aqleb is-sider tal-papra; sajjar 5 sa 6 minuti addizzjonali jew sakemm termometru li jinqara instantanament imdaħħal fin-

nofsijiet tas-sidra jirreġistra 145°F għal medju. Neħħi n-nofsijiet tas-sider, billi tirriserva x-xaħam fil-skillet; Għatti bil-fojl tal-aluminju biex iżżomm sħun.

2. Għall-ilbies, żid jicama max-xaħam fi skillet; sajjar u ħawwad 2 minuti fuq sħana medja. Żid żerriegħa tar-rummien, meraq tal-lariġ, u brodu tal-għadam taċ-ċanga fit-taġen. Hallih jagħli; immedjatament neħħi mis-sħana.

3. Għall-insalata, fi skutella kbira għaqqad il-krexxuni u l-frisée. Ferra l-ilbies sħun fuq il-ħaxix; ħawwad biex iksi.

4. Aqsam l-insalata fost erba 'platti. Aqta' s-sider tal-papra fi biċċiet irqaq u poġġihom fl-insalati.

DUNDJANI MIXWI BIL-PUREE TAL-GĦERUQ TAT-TEWM

XOGĦOL TAD-DAR:Siegħa mixwi: 2 sigħat 45 minuta mistrieħ: 15-il minuta rendiment: 12 sa 14-il porzjon

FITTEX DUNDJANI LI GĦANDUMA ĠIEX INJETTAT B'SOLUZZJONI SALINA. JEKK IT-TIKKETTA TGĦID "MSAĦĦA" JEW "AWTO-SPREJ", X'AKTARX TKUN MIMLIJA SODJU U ADDITTIVI OĦRA.

1 dundjan, 12 sa 14-il libbra

2 imgħaref taħwir Mediterranju (ara<u>riċetta</u>)

¼ tazza żejt taż-żebbuġa

3 liri karrotti medji, imqaxxra, mirqum, u mqattgħin bin-nofs jew kwarti fit-tul

1 riċetta għal għeruq maxx bit-tewm (ara<u>riċetta</u>, hawn taħt)

1. Saħħan minn qabel il-forn għal 425 ° F. Neħħi l-għonq u l-ġiblets mid-dundjan; jirriżerva għal użu ieħor jekk mixtieq. B'attenzjoni ħoll il-ġilda fit-tarf tas-sider. Mexxi subgħajk taħt il-ġilda biex toħloq but fuq is-sider ta 'fuq u fuq il-drumsticks. Ferra 1 tablespoon tħawwir Mediterranju taħt il-ġilda; uża subgħajk biex tqassamha b'mod uniformi fuq is-sider u d-drumsticks. Iġbed il-ġilda tal-għonq lura; waħħal bi skewer. Tuck it-truf tad-drumsticks taħt il-faxxa tal-ġilda tul id-denb. Jekk ma jkun hemm l-ebda strixxa tal-ġilda, torbot id-drumsticks sew mad-denb bi spag tal-kċina 100% qoton. Dawwar il-ponot tal-ġwienaħ taħt id-dahar.

2. Poġġi dundjan, in-naħa tas-sider 'l fuq, fuq ixtilliera f'taġen tal-inkaljar baxx wisq. Brush dundjani b'2 imgħaref żejt. Roxx id-dundjan bil-kumplament tal-ħwawar tal-Mediterran. Daħħal termometru tal-laħam tal-forn fiċ-ċentru ta 'muskolu ta' ġewwa tal-koxxa; it-termometru

m'għandux imiss l-għadam. Għatti d-dundjan laxk b'fojl tal-aluminju.

3. Grill għal 30 minuta. Naqqas it-temperatura tal-forn għal 325 ° F. Ixwi għal siegħa u nofs. Fi skutella extra-kbira, għaqqad il-karrotti u 2 imgħaref żejt li jifdal; ħawwad biex iksi. Ifrex karrotti f'dixx tal-ħami kbir bir-rimm. Neħħi l-fojl mid-dundjan u aqta' strixxa tal-ġilda jew spag bejn id-drumsticks. Ixwi karrotti u dundjani għal 45 minuta sa 1¼ siegħa aktar jew sakemm it-termometru jirreġistra 175°F.

4. Neħħi dundjan mill-forn. Qoxra; ħalliha tistrieħ għal 15 sa 20 minuta qabel tqatta'. Servi dundjani bil-karrotti u l-maxx tal-għeruq tat-tewm.

Maxx ta 'l-Għeruq tat-Tewm: Aqta' u qaxxar 3 sa 3½ £ rutabagas u 1½ sa 2 £ għerq tal-karfus; maqtugħ f'biċċiet ta' 2 pulzieri. F'kazzola ta' 6 kwarti, sajjar ir-rutabagas u l-għerq tal-karfus f'ilma jagħli biżżejjed biex ikopri għal 25 sa 30 minuta jew sakemm ikunu fermi ħafna. Sadanittant, ġo kazzola żgħira għaqqad 3 imgħaref taż-żejt extra verġni u 6 sa 8 sinniet tat-tewm ikkapuljat. Sajjar fuq nar baxx għal 5 sa 10 minuti jew sakemm it-tewm ikun fragranti ħafna iżda mhux kannella. Żid bir-reqqa ¾ tazza brodu tal-għadam tat-tiġieġ (araricetta) jew brodu tat-tiġieġ mingħajr melħ. Ħallih jagħli; Neħħiha mis-sħana. Ixxotta l-ħaxix u erġagħhom fil-borma. Agħfas il-ħaxix bil-patata masher jew ħabbat b'mixer elettriku fuq nar baxx. Żid ½ kuċċarina bżar iswed. Gradwalment maxx jew whisk fit-taħlita tal-brodu sakemm il-ħxejjex huma magħquda u kważi bla xkiel. Jekk meħtieġ, żid ¼ tazza addizzjonali brodu tal-għadam tat-tiġieġ biex tikseb il-konsistenza mixtieqa.

SIDER TAD-DUNDJAN MIMLI BIL-PESTO SAUCE U ROCKET SALAD

XOGĦOL TAD-DAR:30 minuta mixwi: 1 siegħa 30 minuta mistrieħ: 20 minuta
Rendiment: 6 porzjonijiet

DAN HUWA GĦAL MIN IĦOBB IL-LAĦAM ABJAD.HEMMHEKK, SIDER TAD-DUNDJAN BIL-QOXRA IQARMEĊ MIMLI BIT-TADAM IMNIXXEF FIX-XEMX, ĦABAQ U ĦWAWAR TAL-MEDITERRAN. IL-FDALIJIET JAGĦMLU IKLA MILL-AQWA.

1 tazza tadam imnixxef fix-xemx mingħajr kubrit (mhux ippakkjat fiż-żejt)

1 4 libbra sider tad-dundjan bla għadam nofs bil-ġilda

3 kuċċarini ħwawar Mediterranju (ara riċetta)

1 tazza weraq frisk tal-ħabaq ippakkjat b'mod laxk

1 tablespoon żejt taż-żebbuġa

8 uqija baby arugula

3 tadam kbir, imqatta' bin-nofs u mqatta'

¼ tazza żejt taż-żebbuġa

2 imgħaref ħall tal-inbid aħmar

Bżar iswed

1½ tazza pesto tal-ħabaq (ara riċetta)

1. Saħħan minn qabel il-forn għal 375 ° F. Fi skutella żgħira, ferra biżżejjed ilma jagħli fuq it-tadam imnixxef biex tkoprihom. Ħallih joqgħod għal 5 minuti; ixxotta u aqta' fin.

2. Poġġi sider tad-dundjan, in-naħa tal-ġilda 'l isfel, fuq folja kbira ta' wrap tal-plastik. Poġġi folja oħra ta' wrap tal-plastik fuq id-dundjan. Bil-ġenb ċatt ta 'mallet tal-laħam, ħarb bil-mod is-sidra sakemm tkun ħxuna uniformi, ħxuna ta' madwar ¾ pulzier. Armi t-tgeżwir tal-plastik. Ferrex 1½ kuċċarina tħawwir Mediterranju fuq il-laħam. Top bit-

tadam u l-weraq tal-ħabaq. Irrombla bir-reqqa s-sider tad-dundjan, filwaqt li żżomm il-ġilda fuq barra. Bl-użu ta '100% qoton spag tal-kċina, torbot ix-xiwi f'erba' sa sitt postijiet biex tiżgura. Brush b'1 tablespoon żejt taż-żebbuġa. Roxx l-ixwi bil-kuċċarina 1½ li jifdal tħawwir Mediterranju.

3. Poġġi l-ixwi fuq ixtilliera f'taġen baxx bil-ġenb tal-ġilda 'l fuq. Ixwi, mikxuf, għal siegħa u nofs jew sakemm termometru li jinqara instantanament imdaħħal qrib iċ-ċentru jirreġistra 165°F u l-ġilda tkun kannella dehbi u iqarmeċ. Neħħi dundjan mill-forn. Għatti laxk b'fojl tal-aluminju; ħalliha tistrieħ għal 20 minuta qabel tqatta'.

4. Għall-insalata tar-rugula, fi skutella kbira għaqqad ir-rugula, it-tadam, ¼ tazza żejt taż-żebbuġa, ħall, u bżar għat-togħma. Neħħi l-ispag mill-ixwi. Aqta 'd-dundjan fi flieli rqaq. Servi bl-insalata rokit u pesto tal-ħabaq.

SIDER TAD-DUNDJAN BIL-ĦWAWAR MA' CHERRY BBQ SAUCE

XOGĦOL TAD-DAR:15-il minuta mixwi: 1 siegħa 15-il minuta mistrieħ: 45 minuta
Rendiment: 6 sa 8 porzjonijiet

DIN HIJA RIĊETTA TAJBA GĦALSSERVI FOLLA F'BARBECUE TA' WARA META TRID TAGĦMEL AKTAR MINN SEMPLIĊI BURGERS. SERVI MA' INSALATA TQARMEĊ, BĦAL INSALATA TAL-BROKKOLI TQARMEĊ (ARA<u>RIĊETTA</u>) JEW INSALATA TA' BRUSSELS SPROUT IMQAXXAR (ARA<u>RIĊETTA</u>).

Sider tad-dundjan kollu bl-għadam, 4 sa 5 liri

3 imgħaref taħwir affumikat (ara<u>riċetta</u>)

2 imgħaref meraq tal-lumi frisk

3 imgħaref żejt taż-żebbuġa

1 tazza inbid abjad niexef, bħal Sauvignon Blanc

1 tazza ċirasa Bing friska jew iffriżata bla ħofra u mqatta '

⅓ tazza ilma

1 tazza zalza BBQ (ara<u>riċetta</u>)

1. Ħalli s-sider tad-dundjan joqgħod f'temperatura tal-kamra għal 30 minuta. Saħħan il-forn għal 325°F. Qiegħed is-sider tad-dundjan, in-naħa tal-ġilda 'l fuq, fuq ixtilliera f'xiwi.

2. Fi skutella żgħira, għaqqad it-taħwir bl-affumikazzjoni, il-meraq tal-lumi, u ż-żejt taż-żebbuġa biex tagħmel pejst. Ħoll il-ġilda mil-laħam; Ifrex bil-mod nofs il-pejst fuq il-laħam taħt il-ġilda. Ifrex il-pejst li jifdal b'mod uniformi fuq il-ġilda. Ferra l-inbid fil-qiegħ tal-xiwi.

3. Ixwi 1¼ sa 1½ siegħa jew sakemm il-ġilda tkun kannella dehbi u termometru li jinqara instantanament imdaħħal

fiċ-ċentru tal-ixwi (li ma jmissx l-għadam) jirreġistra 170°F, iddawwar it-taġen tal-inkaljar f'nofs il-ħin tat-tisjir. Halli mistrieħ 15 sa 30 minuta qabel ma taqta.

4. Sadanittant, għaċ-Ċirasa BBQ Sauce, f'kazzola medja, għaqqad iċ-ċirasa u l-ilma. Hallih jagħli; naqqas is-sħana. Ttektek, mikxuf, għal 5 minuti. Hawwad zalza BBQ; ħalliha ttektek għal 5 minuti. Servi sħun jew f'temperatura tal-kamra mad-dundjani.

FLETT TAD-DUNDJAN IMSAJJAR TAL-INBID

XOGĦOL TAD-DAR:30 minuta kok: 35 minuta rendiment: 4 porzjonijiet

SAJJAR ID-DUNDJAN FIT-TAĠENF'KOMBINAZZJONI TA 'INBID, TADAM ROMA MQATTA', BRODU TAT-TIĠIEĠ, ĦXEJJEX AROMATIĊI FRISKI, U BŻAR AĦMAR IMFARRAK JAGĦTIHA TOGĦMA KBIRA. SERVI DAN ID-DIXX QISU STEW FI SKUTELLI BAXXI U BI MGĦAREF KBAR BIEX TIEĦU FTIT MILL-BRODU TAT-TOGĦMA MA' KULL GIDMA.

2 Flett tad-dundjan ta' 8 sa 12-il uqija, maqtugħin f'biċċiet ta' 1 pulzier

2 imgħaref bla melħ miżjud tħawwir tat-tjur

2 imgħaref żejt taż-żebbuġa

6 sinniet tat-tewm, ikkapuljat (1 tablespoon)

1 tazza basla mqatta

½ tazza karfus imqatta'

6 tadam Roma, żerriegħa u mqatta' (madwar 3 tazzi)

½ tazza inbid abjad niexef, bħal Sauvignon Blanc

½ tazza brodu tal-għadam tat-tiġieġ (ara riċetta) jew brodu tat-tiġieġ mingħajr melħ

½ kuċċarina klin frisk imqatta' fin

¼ sa ½ kuċċarina bżar aħmar imfarrak

½ tazza weraq tal-ħabaq frisk imqatta'

½ tazza tursin frisk maqtugħ fi strixxi

1. Fi skutella kbira, itfa' biċċiet tad-dundjan bil-ħwawar tat-tjur biex iksi. Fi skillet anti-stick extra-kbar, saħħan 1 tablespoon taż-żejt taż-żebbuġa fuq sħana medja. Sajjar dundjan f'lottijiet f'żejt jaħraq sakemm tismar min-naħat kollha. (Id-dundjan m'għandux għalfejn ikun imsajjar tajjeb.) Ittrasferixxi għal platt u żomm sħun.

2. Żid il-kuċċarina 1 ta 'żejt taż-żebbuġa li jifdal mal-skillet. Żid
   is-sħana għal medju-għoli. Żid it-tewm; sajjar u ħawwad 1
   minuta. Żid il-basla u l-karfus; sajjar u ħawwad għal 5
   minuti. Żid dundjan u meraq tal-platti, tadam, inbid, brodu
   tal-għadam tat-tiġieġ, klin, u bżar aħmar imfarrak. Naqqas
   is-sħana għal medju-baxx. Għatti u sajjar għal 20 minuta,
   ħawwad kultant. Żid il-ħabaq u t-tursin. Ikxef u sajjar 5
   minuti oħra jew sakemm id-dundjan ma jibqax roża.

119

SIDER TAD-DUNDJAN IMQATTA' BIĊ-CHIVE SAUCE U GAMBLI

XOGHOL TAD-DAR:30 minuta kok: 15 minuta rendiment: 4 porzjonijietRITRATT

AQTA' L-FLETT TAD-DUNDJAN BIN-NOFSORIZZONTALMENT KEMM JISTA 'JKUN, AGHFAS ĦAFIF 'L ISFEL FUQ KULL WAĦDA BIL-PALA TA' IDEJK, BILLI TAPPLIKA PRESSJONI KOSTANTI, HEKK KIF TQATTA 'L-LAĦAM.

¼ tazza żejt taż-żebbuġa

2 Flett tad-dundjan ta' 8 sa 12-il uqija, maqtugħin min-nofs orizzontalment

¼ kuċċarina bżar iswed mitħun frisk

3 imgħaref żejt taż-żebbuġa

4 sinniet tat-tewm, ikkapuljat

8 uqija gambli medju, imqaxxra u mqaxxra, denb imneħħi u maqtugħ bin-nofs tul

¼ tazza inbid abjad niexef, brodu tal-għadam tat-tiġieġ (araricetta), jew brodu tat-tiġieġ mingħajr melħ

2 imgħaref taċ-ċavella friska mqatta'

½ kuċċarina qoxra tal-lumi maħkuka fin

1 tablespoon meraq tal-lumi frisk

Taljarini tal-qara ħamra u tadam (araricetta, hawn taħt) (mhux obbligatorju)

1. Fi skillet extra-kbira, saħħan 1 tablespoon żejt taż-żebbuġa fuq nar medju-għoli. Żid dundjani ma skillet; sprinkle bil-bżar. Naqqas is-sħana għal medja. Sajjar minn 12 sa 15-il minuta jew sakemm ma jibqax roża u l-meraq joħroġ ċar (165°F), taqleb darba f'nofs il-ħin tat-tisjir. Neħħi l-fletti tad-dundjan mit-taġen. Għatti bil-fojl tal-aluminju biex iżżomm sħun.

2. Għaż-zalza, fl-istess skillet, saħħan it-3 imgħaref żejt fuq nar medju. Żid it-tewm; sajjar għal 30 sekonda. Żid gambli; sajjar u ħawwad 1 minuta. Żid l-inbid, iċ-ċavella, u l-qoxra

tal-lumi; sajjar u ħawwad minuta oħra jew sakemm il-gambli jkunu opaki. Neħħi mis-sħana; żid meraq tal-lumi. Biex isservi, ferra z-zalza fuq il-fletti tad-dundjan. Jekk mixtieq, servi bit-taljarini tal-qara ħamra u t-tadam.

Squash u Tomato Noodles: Bl-użu ta' mandolina jew julienne peeler, aqta' 2 squash isfar tas-sajf fi strixxi julienne. Fi skillet kbira, saħħan 1 tablespoon taż-żejt taż-żebbuġa extra verġni fuq nar medju-għoli. Żid strixxi tal-qawwi; sajjar 2 minuti. Żid tadam ta' l-għeneb imqatta' kwarti u ¼ kuċċarina bżar iswed mitħun frisk; sajjar 2 minuti oħra jew sakemm l-isquash ikun iqarmeċ.

TURKIJA BRAISED BIL-ĦXEJJEX TAL-GĦERUQ

XOGĦOL TAD-DAR:30 minuta kok: 1 siegħa 45 minuta Rendiment: 4 porzjonijiet

DAN HUWA WIEĦED MINN DAWK IL-PLATTITRID TAGĦMEL F'LEJLA FRISKA TAL-ĦARIFA META JKOLLOK ĦIN GĦAL MIXJA WAQT LI TTEKTEK FIL-FORN. JEKK L-EŻERĊIZZJU MA JQANQALX L-APTIT TIEGĦEK, L-AROMA MILL-ISBAĦ META TIDĦOL FIL-BIEB ĊERTAMENT SE.

3 imgħaref żejt taż-żebbuġa

4 saqajn tad-dundjan, 20 sa 24 uqija

½ kuċċarina bżar iswed mitħun frisk

6 sinniet tat-tewm, imqaxxra u mgħaffġa

1½ kuċċarina żerriegħa tal-bużbież, imbengla

1 kuċċarina allspice sħiħa, imbengla*

1½ tazza brodu tal-għadam tat-tiġieġ (ara riċetta) jew brodu tat-tiġieġ mingħajr melħ

2 friegħi klin frisk

2 friegħi sagħtar frisk

1 werqa tar-rand

2 basal kbar, imqaxxra u maqtugħin fi 8 kunjardi kull wieħed

6 karrotti kbar, imqaxxra u maqtugħa fi flieli ta' pulzier 1

2 nevew kbar, imqaxxra u maqtugħin f'kubi ta' pulzier 1

2 pasnips medji, imqaxxra u maqtugħa fi flieli ta' pulzier**

1 għerq tal-karfus, imqaxxar u maqtugħ f'biċċiet ta' 1 pulzier

1. Saħħan minn qabel il-forn għal 350 ° F. Fi skillet kbira, saħħan iż-żejt taż-żebbuġa fuq sħana medja-għolja sakemm tiddi. Żid 2 tar-riġlejn tad-dundjan. Sajjar madwar 8 minuti jew sakemm ir-riġlejn ikunu kannella dehbi u iqarmeċ min-naħat kollha, u jerġgħu jkannellaw

b'mod uniformi. Ittrasferixxi s-saqajn tad-dundjan fuq platt; irrepeti biż-2 saqajn tad-dundjan li jifdal. Imwarrab.

2. Żid il-cayenne, it-tewm, iż-żerriegħa tal-bużbież, u ż-żerriegħa tal-allspice fit-taġen. Sajjar u ħawwad fuq sħana medja għal 1 sa 2 minuti jew sakemm tfuħ. Żid brodu tal-għadam tat-tiġieġ, klin, sagħtar, u weraq tar-rand. Hallih jagħli, ħawwad biex jinbarax xi bit kannella mill-qiegħ tat-taġen. Neħħi t-taġen minn fuq in-nar u rriżerva.

3. F'forn Olandiż extra-kbir b'għatu li jwaħħal sewwa, għaqqad il-basal, il-karrotti, il-nevew, il-pasnips, u l-għerq tal-karfus. Żid likwidu minn skillet; ħawwad biex iksi. Agħfas ir-riġlejn tad-dundjan fit-taħlita tal-ħxejjex. Għatti b'għatu.

4. Aħmi madwar siegħa u 45 minuta jew sakemm il-ħaxix ikun sarr u d-dundjan ikun imsajjar. Servi r-riġlejn tad-dundjan u l-ħaxix fi skutelli kbar u baxxi. Drixx meraq tal-pan minn fuq.

* Tip: Biex tfarrak il-ħwawar u ż-żerriegħa tal-bużbież, poġġi ż-żerriegħa fuq bord tat-tqattigħ. Uża n-naħa ċatta ta 'sikkina tal-kok, agħfas 'l isfel biex tfarrak iż-żerriegħa ħafif.

**Suġġeriment: Qatta' dadi kwalunkwe biċċiet kbar mill-uċuħ tal-pasnips.

ĦXEJJEX TAL-LAĦAM TAD-DUNDJAN BIL-KETCHUP TAL-BASAL CARAMELIZED U L-KETCHUP TAL-KABOĊĊA INKALJATA

XOGĦOL TAD-DAR:15-il minuta tat-tisjir: 30 minuta tal-ħami: 1 siegħa 10 minuti ta' mistrieħ: 5 minuti rendimenti: 4 porzjonijiet

IL-MEATLOAF KLASSIKA BIL-KETCHUP HIJA DEFINITTIVAMENTFUQ IL-MENU PALEO META KETCHUP (ARARIĊETTA) HIJA ĦIELSA MILL-MELĦ U ZOKKOR MIŻJUD. HAWNHEKK, IZ-ZALZA TAT-TADAM TITĦALLAT FLIMKIEN MAL-BASAL KARAMELIZZAT, LI JINĠABAR FUQ IL-MEATLOAF QABEL IL-ĦAMI.

1½ libbra dundjani mitħun

2 bajd, imsawta ħafif

½ tazza dqiq tal-lewż

⅓ tazza tursin frisk imqatta'

¼ tazza scalun imqatta' rqiqa (2)

1 tablespoon salvja friska mqatta jew 1 kuċċarina salvja mnixxfa, imfarrak

1 tablespoon sagħtar frisk imqatta jew 1 kuċċarina sagħtar imnixxef, imfarrak

¼ kuċċarina bżar iswed

2 imgħaref żejt taż-żebbuġa

2 basal ħelu, imqatta' bin-nofs u mqatta' rqiq

1 tazza Paleo Ketchup (ararriċetta)

1 kaboċċa tar-ras żgħira, imqatta' bin-nofs, bil-qalba u maqtugħa fi 8 kunjardi

½ sa 1 kuċċarina bżar aħmar imfarrak

1. Saħħan minn qabel il-forn għal 350 ° F. Line dixx kbir tal-ħami b'karta parċmina; imwarrba. Fi skutella kbira għaqqad id-dundjan mitħun, il-bajd, id-dqiq tal-lewż, it-tursin, iċ-ċalla, is-salvja, is-sagħtar u l-bżar iswed. Fuq il-

124

folja tal-ħami ppreparata, iffurma lit-taħlita tad-dundjan f'ħobża ta' 8×4 pulzieri. Aħmi għal 30 minuta.

2. Sadanittant, għall-ketchup tal-basal karamelizzat, fi skillet kbira saħħan 1 tablespoon żejt taż-żebbuġa fuq sħana medja. Żid il-basal; sajjar madwar 5 minuti jew sakemm il-basal jibda jismar, ħawwad spiss. Naqqas is-sħana għal medju-baxx; sajjar madwar 25 minuta jew sakemm ikun kannella dehbi u artab ħafna, ħawwad kultant. Neħħi mis-sħana; żid Paleo Ketchup.

3. Mgħarfa ftit mill-ketchup tal-basal karamelizzat fuq il-bun tad-dundjan. Irranġa l-flieli tal-kaboċċa madwar il-ħobża. Idlek il-kaboċċi bil-kuċċarina li fadal żejt taż-żebbuġa; sprinkle bżar aħmar imfarrak. Aħmi madwar 40 minuta jew sakemm termometru li jinqara instantanament imdaħħal fiċ-ċentru tal-ħobża jirreġistra 165 ° F, fuq b'ketchup tal-basal karamelizzat addizzjonali, taqleb il-flieli tal-kaboċċi wara 20 minuta. Ħalli l-bun tad-dundjan jistrieħu għal 5 sa 10 minuti qabel ma jqattgħu.

4. Servi l-bun tad-dundjan mal-flieli tal-kaboċċi u l-ketchup tal-basal karamelizzat li jifdal.

POSOLE TAD-DUNDJAN

L-INGREDJENTI TA 'DIN IS-SOPPA SHUNA TA' STIL MESSIKANHUMA AKTAR MINN GARNISHES. IĊ-ĊILANTRO JŻID TOGHMA DISTINTIVA, L-AVOKADO JĠIB KREMUŻ, U L-PEPITAS MIXWI JIPPROVDU CRUNCH DELICIOUS.

8 tomatillo frisk

1¼ sa 1½ libbra dundjani mitħun

1 bżar qampiena aħmar, miżrugħ u maqtugħ fi strixxi rqaq daqs gidma

½ tazza basla mqatta' (medja 1)

6 sinniet tat-tewm, ikkapuljat (1 tablespoon)

1 tablespoon tħawwir Messikan (arariċetta)

2 tazzi brodu tal-għadam tat-tiġieġ (arariċetta) jew brodu tat-tiġieġ mingħajr melħ

1 14.5-uqija jista 'ebda melħ miżjud tadam inkaljat tan-nar, mhux imsaffi

1 jalapeño jew ċil serrano, miżrugħ u ikkapuljat (aratilt)

1 avokado medju, imqatta' bin-nofs, imqaxxar, żerriegħa u mqatta' rqiq

¼ tazza pepitas bla melħ, mixwi (aratilt)

¼ tazza cilantro frisk imqatta

Flieli tal-lumi

1. Preheat grill. Neħħi l-qxur mit-tomatillos u armi. Aħsel it-tomatillos u aqtagħhom fin-nofsijiet. Poġġi n-nofsijiet tat-tomatillo fuq l-ixtilliera mhux imsaħħan ta' xiwi. Grill 4 sa 5 pulzieri mis-sħana 8 sa 10 minuti jew sakemm jinħaraq ħafif, iddawwar darba f'nofs ix-xiwi. Ħallih jiksaħ ftit fi skillet fuq wire rack.

2. Sadanittant, fi skillet kbira, sajjar dundjan, bżar qampiena, u basla fuq nar medju-għoli minn 5 sa 10 minuti jew sakemm id-dundjan ikun kannella dehbi u l-ħxejjex ikunu

teneri, ħawwad b'kuċċarina tal-injam biex tkisser it-taħlita. tisjir. Ixxotta x-xaħam jekk meħtieġ. Żid it-tewm u l-ħwawar Messikani. Sajjar u ħawwad għal minuta oħra.

3. Fi blender, għaqqad madwar żewġ terzi tat-tomatillos maħruqa u 1 tazza tal-brodu tal-għadam tat-tiġieġ. Għatti u ħallat sakemm tkun lixxa. Żid mat-taħlita tad-dundjan fi skillet. Żid it-tazza 1 li jifdal tal-brodu tal-għadam tat-tiġieġ, it-tadam mhux imsaffi, u ċ-Ċilì. Aqta' b'mod oħxon it-tomatillos li jifdal; żid mat-taħlita tad-dundjan. Ħallih jagħli; naqqas is-sħana. Għatti u ħalliha ttektek għal 10 minuti.

4. Biex isservi, poġġi s-soppa fi skutelli baxxi. Top bl-avokado, pepitas, u cilantro. Għaddi kunjardi tal-ġir biex tagħfas fuq is-soppa.

BRODU TAL-GĦADAM TAT-TIĠIEĠ

XOGĦOL TAD-DAR:15-il Minuta Ixwi: 30 Minuta Sajjar: 4 Sigħat Kessaħ: Matul il-lejl
Jagħmel: Madwar 10 tazzi

GĦALL-AĦJAR TOGĦMA FRISKA U OGĦLAKONTENUT TA 'NUTRIJENT: UŻA BRODU TAT-TIĠIEĠ HOMEMADE FIR-RIĊETTI TIEGĦEK. (LANQAS MA FIH MELĦ, PRESERVATTIVI JEW ADDITTIVI). INKALJAR L-GĦADAM QABEL ITTEKTEK ISAĦĦAĦ IT-TOGĦMA. PERESS LI HUMA MSAJRA BIL-MOD F'LIKWIDU, L-GĦADAM INFUS IL-BRODU B'MINERALI BĦAL KALĊJU, FOSFRU, MANJESJU U POTASSJU. IL-VARJAZZJONI TAL-COOKER BIL-MOD LI ĠEJJA TAGĦMILHA SPEĊJALMENT FAĊLI BIEX TAGĦMEL. IFFRIŻA F'KONTENITURI TA' 2 TAZZI U 4 TAZZI U ĦOLL BISS DAK LI GĦANDEK BŻONN.

2 liri ġwienaħ tat-tiġieġ u flett

4 karrotti mqattgħin

2 kurrat kbar, partijiet bojod u aħdar ċar biss, imqatta' rqiq

2 zkuk tal-karfus bil-weraq, imqattgħin oħxon

1 pasnip, imqatta' oħxon

6 friegħi kbar tursin Taljan (werqa ċatta)

6 friegħi sagħtar frisk

4 sinniet tat-tewm, maqtugħin min-nofs

2 kuċċarini bżar iswed sħiħ

2 imsiemer tal-qronfol sħaħ

Ilma kiesaħ

1. Saħħan minn qabel il-forn għal 425 ° F. Irranġa l-ġwienaħ tat-tiġieġ u l-flett fuq folja kbira tal-ħami; Grill għal 30 sa 35 minuta jew sakemm tismar sew.

2. Ittrasferixxi l-biċċiet tat-tiġieġ kannella u l-biċċiet kannella akkumulati fuq il-folja tal-ħami għal borma kbira. Żid

karrotti, kurrat, karfus, parsnips, tursin, sagħtar, tewm, bżar u qronfol. Żid biżżejjed ilma kiesaħ (madwar 12-il tazza) f'borma kbira biex tkopri t-tiġieġ u l-ħaxix. Ħallih ittektek fuq nar medju; aġġusta n-nar biex iżżomm il-brodu jittektek bil-mod ħafna, bil-bżieżaq bilkemm ikissru l-wiċċ. Għatti u sajjar fuq nar baxx għal 4 sigħat.

3. Iffiltra l-brodu sħun permezz ta 'passatur kbir miksi b'żewġ saffi ta' cheesecloth niedja 100% qoton. Armi s-solidi. Għatti l-brodu u kessaħ matul il-lejl. Qabel tuża, xkuma s-saff tax-xaħam minn fuq tal-brodu u armi.

Tip: Biex irqaq il-brodu (mhux obbligatorju), fi skutella żgħira għaqqad 1 abjad tal-bajd, 1 qoxra tal-bajd mgħaffeġ, u ¼ tazza ilma kiesaħ. Ħawwad it-taħlita fil-brodu mrażżan ġo borma. Erġa' ħallih jagħli. Neħħi mis-sħana; ħalliha tistrieħ għal 5 minuti. Iffiltra l-brodu jaħraq permezz ta' passatur miksi b'saff doppju frisk ta' cheesecloth tal-qoton 100%. Kessaħ u ittrimmja xaħam qabel tuża.

Slow Cooker Istruzzjonijiet: Ipprepara kif ordnat, ħlief fil-Pass 2, poġġi l-ingredjenti f'cooker bil-mod ta '5-6 quart. Għatti u sajjar fuq nar baxx għal 12 sa 14-il siegħa. Kompli kif ordnat fil-pass 3. Jagħmel madwar 10 tazzi.

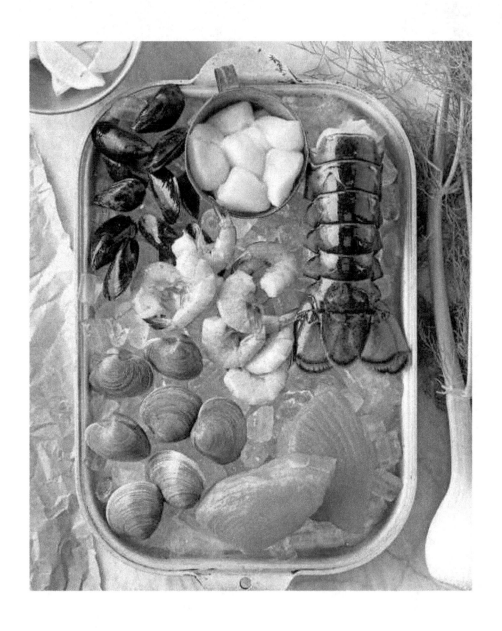

SALAMUN HARISSA AĦDAR

XOGĦOL TAD-DAR:25 minuta bake: 10 minuti grill: 8 minuti rendiment: 4 porzjonijietRITRATT

JINTUŻA TQAXXIR TAL-ĦAXIX STANDARD.BIEX TNAQQAS ASPARAGU NEJ FRISK FI STRIXXI RQAQ GĦALL-INSALATA. IMĦALLAT MA' VINAIGRETTE TAĊ-ĊITRU QAWWI (ARARIĊETTA) U MIMLI BIŻ-ŻERRIEGĦA TAL-ĠIRASOL INKALJATI U AFFUMIKATI, JAGĦMEL AKKUMPANJAMENT IĠJENIĊI MAĊ-ĊATNEY TAS-SALAMUN U TAL-ĦXEJJEX ĦODOR.

SALAMUN

4 fletti tas-salamun ta' 6 sa 8 uqija friski jew iffriżati mingħajr ġilda, ħxuna ta' madwar pulzier

Żejt taż-żebbuġa

HARISSA

1½ kuċċarina żerriegħa tal-kemmun

1½ kuċċarina żerriegħa tal-kosbor

1 tazza weraq tat-tursin frisk ippakkjati sewwa

1 tazza ċilantro frisk imqatta' oħxon (weraq u zkuk)

2 jalapenos, miżrugħa u mqattgħin oħxon (aratilt)

1 basla tar-rebbiegħa, imqatta '

2 sinniet tat-tewm

1 kuċċarina qoxra tal-lumi maħkuka fin

2 imgħaref meraq tal-lumi frisk

⅓ tazza żejt taż-żebbuġa

ŻRIERAGĦ TAL-ĠIRASOL BIL-ĦWAWAR

⅓ tazza żerriegħa tal-ġirasol nejjin

1 kuċċarina żejt taż-żebbuġa

1 kuċċarina tħawwir affumikat (arariċetta)

131

INSALATA

12-il asparagu kbir, mirqum (madwar libbra)

⅓ tazza vinaigrette taċ-ċitru qawwi (ara riċetta)

1. Holl il-ħut, jekk iffriżat; nixxef b'xugamani tal-karti. Ħafif iż-żewġ naħat tal-ħuta biż-żejt taż-żebbuġa. Imwarrab.

2. Għall-ħarissa, fi skillet żgħir, ixwi ż-żerriegħa tal-kemmun u ż-żerriegħa tal-kosbor fuq nar medju-baxx għal 3 sa 4 minuti jew sakemm ftit mixwi u fragranti. Fi food processor, għaqqad iż-żerriegħa tal-kemmun u l-kosbor mixwi, tursin, cilantro, jalapeños, scallions, tewm, qoxra tal-lumi, meraq tal-lumi, u żejt taż-żebbuġa. Ipproċessa sakemm tkun bla xkiel. Imwarrab.

3. Għaż-żerriegħa tal-ġirasol bil-ħwawar, saħħan minn qabel il-forn għal 300 ° F. Line folja tal-ħami b'karta parċmina; imwarrba. Fi skutella żgħira, għaqqad iż-żerriegħa tal-ġirasol u 1 kuċċarina taż-żejt taż-żebbuġa. Roxx it-taħwir affumikat fuq iż-żrieragħ; ħawwad biex iksi. Ifrex iż-żerriegħa tal-ġirasol indaqs fuq il-karta parċmina. Aħmi madwar 10 minuti jew sakemm jinxwi ftit.

4. Għal grill tal-faħam jew tal-gass, poġġi s-salamun fuq xtilliera tal-grill bil-grass direttament fuq sħana medja. Għatti u grill għal 8 sa 12-il minuta jew sakemm il-ħut jibda jitfarfar meta jiġi ttestjat b'furketta, taqleb darba f'nofs il-grill.

5. Sadanittant, għall-insalata, bl-użu ta' peeler tal-ħaxix, aqta' l-ispraġ fi strixxi twal irqaq. Ittrasferixxi għal skutella jew platt medju. (Il-ponot jinkisru hekk kif iz-zkuk irqaq; żidhom ma' platter jew skutella.) Drixx il-vinaigrette taċ-

132

ċitru qawwi fuq iz-zkuk imqaxxra. Roxx biż-żerriegħa tal-ġirasol imħawwar.

6. Biex isservi, poġġi steak wieħed fuq kull erba 'platti; Ferra ftit harissa ħadra fuq kull flett. Servi bl-insalata tal-ispraġ imqatta'.

SALAMUN GRILLED MA INSALATA TAL-QALB TAL-QAQOĊĊ IMMARINAT

XOGĦOL TAD-DAR:20 minuta grill: 12-il minuta rendiment: 4 porzjonijiet

ĦAFNA DRABI L-AĦJAR GĦODDA GĦALL-PREPARAZZJONI TA 'INSALATAHUMA IDEJK LI L-ĦASS TAT-TRABI U L-QAQOĊĊ GRILLED JIĠU INKORPORATI INDAQS F'DIN L-INSALATA L-AĦJAR ISIR B'IDEJN NODFA.

4 fletti tas-salamun frisk jew iffriżat ta' 6 uqija

1 pakkett ta' 9 uqija qlub tal-qaqoċċ iffriżati, imdewweb u mneħħija

5 imgħaref żejt taż-żebbuġa

2 imgħaref shalots mqattgħin

1 tablespoon qoxra tal-lumi maħkuka fin

¼ tazza meraq tal-lumi frisk

3 imgħaref oregano frisk imqatta

½ kuċċarina bżar iswed mitħun frisk

1 tablespoon tħawwir Mediterranju (araricetta)

Pakkett ta' 5 uqija ħass imħallat tat-trabi

1. Holl il-ħut, jekk ikun iffriżat. Laħlaħ il-ħut; nixxef b'xugamani tal-karti. Waħħal il-ħut.

2. Fi skutella medja, itfa' l-qlub tal-qaqoċċ ma' 2 imgħaref taż-żejt taż-żebbuġa; imwarrba. Fi skutella kbira, għaqqad 2 imgħaref żejt taż-żebbuġa, shalots, qoxra tal-lumi, meraq tal-lumi, u ore; imwarrba.

3. Għal grill tal-faħam jew tal-gass, poġġi l-qlub tal-qaqoċċ f'basket tal-grill u sajjar direttament fuq nar medju-għoli. Għatti u grill għal 6 sa 8 minuti jew sakemm jinħaraq sew u jissaħħan, waqt li ħawwad spiss. Neħħi l-qaqoċċ mill-grill. Ħallih jiksaħ 5 minuti, imbagħad żid il-qaqoċċ mat-

taħlita tal-skalot. Staġun bil-bżar; ħawwad biex iksi. Imwarrab.

4. Ħass is-salamun bil-kuċċarina li fadal żejt taż-żebbuġa; roxx bil-ħwawar tal-Mediterran. Poġġi s-salamun fuq il-grill, il-ġnub imħawwar 'l isfel, direttament fuq nar medju-għoli. Għatti u grill għal 6 sa 8 minuti jew sakemm il-ħut jibda jitfarfar meta jiġi ttestjat b'furketta, b'attenzjoni dawwar darba f'nofs ix-xiwi.

5. Żid il-ħass fl-iskutella bil-qaqoċċ immarinat; itfa bil-mod biex tiksi. Servi l-insalata bis-salamun grilled.

SALAMUN INSTANT POT INKALJAT CHILI SAGE B'SALSA TAT-TADAM AHDAR

XOGHOL TAD-DAR:35 minuta chill: 2 sa 4 sighat mixwi: 10 minuti Produzzjoni: 4 porzjonijiet

"FLASH-ROASTING" TIRREFERI GHAT-TEKNIKAMILLI SSAHHAN SKILLET NIEXEF FIL-FORN GHAL SHANA GHOLJA, ŻŻID FTIT ŻEJT U L-HUT, TIĠIEĠ JEW LAHAM (JISPIĊĊA!), IMBAGHAD SPIĊĊA D-DIXX FIL-FORN. XIWI RAPIDU JNAQQAS IL-HIN TAT-TISJIR U JOHLOQ QOXRA DELIKATAMENT IQARMEĊ FUQ BARRA U ĠEWWA MMERRAQ U TOGHMA.

SALAMUN

4 fletti tas-salamun frisk jew iffriżat, 5 sa 6 uqija

3 imgharef żejt taż-żebbuġa

¼ tazza basla mqatta' fin

2 sinniet tat-tewm, imqaxxra u mqatta'

1 tablespoon kosbor mithun

1 kuċċarina kemmun mithun

2 kuċċarini paprika helwa

1 kuċċarina oregano imnixxef, imfarrak

¼ kuċċarina bżar cayenne

⅓ tazza meraq tal-ġir frisk

1 tablespoon salvja friska mqatta

ZALZA TAT-TADAM HADRA

1½ tazza tadam ahdar sod imqatta' f'kudi

⅓ tazza basla hamra mqatta' fin

2 imgharef cilantro frisk maqtugh fi strixxi

1 jalapeno, żerriegha u mqatta' (ara<u>tilt</u>)

1 sinna tat-tewm ikkapuljat

½ kuċċarina kemmun mitħun

¼ kuċċarina trab taċ-chili

2 sa 3 imgħaref meraq tal-lumi frisk

1. Holl il-ħut, jekk ikun iffriżat. Laħlaħ il-ħut; nixxef b'xugamani tal-karti. Waħħal il-ħut.

2. Għall-pejst taċ-chili sage, f'kazzola żgħira għaqqad 1 tablespoon żejt taż-żebbuġa, basla, u tewm. Sajjar fuq nar baxx għal 1 sa 2 minuti jew sakemm tfuħ. Żid kosbor u kemmun; sajjar u ħawwad 1 minuta. Żid paprika, oregano, u bżar cayenne; sajjar u ħawwad 1 minuta. Żid meraq tal-lumi u salvja; sajjar u ħawwad madwar 3 minuti jew sakemm tifforma pejst lixx; kiesaħ.

3. Permezz ta' subgħajk, iksi ż-żewġ naħat tal-fletti b'pejst tas-salvja taċ-chili. Poġġi l-ħut f'dixx mhux reattiv jew tal-ħġieġ; għatti sewwa b'tgeżwir tal-plastik. Friġġ 2 sa 4 sigħat.

4. Sadanittant, għaz-zalza, fi skutella medja, għaqqad it-tadam, il-basla, il-cilantro, il-jalapeño, it-tewm, il-kemmun, u t-trab taċ-chili. Ħallat sew biex tħallat. Drixx bil-meraq tal-lumi; ħawwad biex iksi.

4. Permezz ta' spatula tal-gomma, obrox kemm tista' mill-pejst mis-salamun. Armi l-pejst.

5. Poġġi skillet tal-ħadid fondut ta' daqs kbir fil-forn. Ixgħel il-forn għal 500 ° F. Saħħan minn qabel il-forn bi skillet.

6. Neħħi l-skillet sħun mill-forn. Ferra 1 tablespoon żejt taż-żebbuġa fit-taġen. Mejjel it-taġen biex jiksi l-qiegħ tat-taġen biż-żejt. Poġġi l-fletti fit-taġen, in-naħa tal-ġilda 'l

isfel. Ixkupilja l-uċuħ tal-fletti bil-kuċċarina li fadal żejt
taż-żebbuġa.

7. Igrill is-salamun għal madwar 10 minuti jew sakemm il-ħut
jibda jitfarfar meta jiġi ttestjat bil-furketta. Servi ħut maz-
zalza.

SALAMUN INKALJAT U ASPARAGU F'PAPILLOTE BIL-LUMI U PESTO ĠELLEWŻ

XOGĦOL TAD-DAR:20 minuta mixwi: 17-il minuta Rendiment: 4 porzjonijiet

IT-TISJIR "EN PAPILLOTE" SEMPLIĊEMENT IFISSER TISJIR FUQ IL-KARTA.HUWA MOD SABIĦ BIEX ISSAJJAR GĦAL ĦAFNA RAĠUNIJIET. ĦUT U ĦAXIX HUMA STEAMED ĠEWWA L-PAKKETT TAL-PARĊMINA, ISSIĠILLAR FIL-MERAQ, TOGĦMA, U NUTRIJENTI, U M'HEMM L-EBDA QSARI U TWAĠEN BIEX JINĦASLU WARA.

4 fletti tas-salamun frisk jew iffriżat ta' 6 uqija

1 tazza weraq tal-ħabaq frisk ippakkjat ħafif

1 tazza weraq tat-tursin frisk ippakkjat ħafif

½ tazza ġellewż mixwi*

5 imgħaref żejt taż-żebbuġa

1 kuċċarina qoxra tal-lumi maħkuka fin

2 imgħaref meraq tal-lumi frisk

1 sinna tat-tewm ikkapuljat

1 libbra asparagu fin, mirqum

4 imgħaref inbid abjad niexef

1. Ħoll is-salamun, jekk iffriżat. Laħlaħ il-ħut; nixxef b'xugamani tal-karti. Saħħan il-forn għal 400°F.

2. Għall-pesto, fi blender jew food processor, għaqqad il-ħabaq, it-tursin, il-ġellewż, iż-żejt taż-żebbuġa, il-qoxra tal-lumi, il-meraq tal-lumi, u t-tewm. Għatti u ħallat jew ipproċessa sakemm tkun lixxa; imwarrba.

3. Aqta' erba' kwadri ta' 12-il pulzier karta parċmina. Għal kull pakkett, poġġi flett tas-salamun fiċ-ċentru ta 'kwadru tal-parċmina. Top bi kwart tal-ispraġ u 2 sa 3 imgħaref tal-pesto; drizzle b'1 tablespoon inbid. Aqbad żewġ naħat opposti tal-karta parċmina u ittwihom fuq il-ħut diversi drabi. Itwi t-truf tal-parċmina biex tissiġilla. Irrepeti biex tagħmel tliet qatet oħra.

4. Grill 17 sa 19-il minuta jew sakemm il-ħut jibda jitfarfar meta jiġi ttestjat bil-furketta (iftaħ il-pakkett bir-reqqa biex tivverifika jekk ħux).

* Tip: Biex toast il-ġellewż, saħħan minn qabel il-forn għal 350 ° F. Ifrex il-ġewż f'saff wieħed f'dixx tal-ħami baxx. Aħmi minn 8 sa 10 minuti jew sakemm ixwi ftit, waqt li ħawwad darba biex kannella indaqs. Kessaħ ftit il-ġewż. Poġġi l-ġewż sħun fuq xugaman nadif tal-kċina; Togħrok b'xugaman biex tneħħi l-ġilda maħlula.

SALAMUN IMĦAWWAR BI ZALZA TAL-FAQQIEGĦ U TUFFIEĦ

IBDA SAT-TMIEM:40 minuta tagħmel: 4 porzjonijiet

DAN IL-FLETT KOLLU TAS-SALAMUNMIKTUM B'MEDLEY TA 'FAQQIEGĦ SAUTÉED, SHALLOTS, FLIELI TAT-TUFFIEĦ BIL-QOXRA ĦAMRA, U SERVUT FUQ SODDA TA' SPINAĊI AĦDAR JGĦAJJAT, HUWA DIXX TAL-ISTURDAMENT LI JSERVI LILL-MISTEDNIN.

1 1½ libbra flett tas-salamun sħiħ frisk jew iffriżat, bil-ġilda

1 kuċċarina żerriegħa tal-bużbież, mgħaffġa fin*

½ kuċċarina salvja mnixxfa, imfarrak

½ kuċċarina kosbor mitħun

¼ kuċċarina mustarda niexfa

¼ kuċċarina bżar iswed

2 imgħaref żejt taż-żebbuġa

1½ tazza faqqiegħ cremini frisk, imqatta' kwarti

1 shalot medju, imqatta' rqiq ħafna

1 tuffieħ żgħir tat-tisjir, imqatta' kwarti, bil-qalba u mqatta' rqiq

¼ tazza inbid abjad niexef

4 tazzi spinaċi friski

Briegħ żgħir ta' salvja friska (mhux obbligatorju)

1. Ħoll is-salamun, jekk iffriżat. Saħħan minn qabel il-forn għal 425 ° F. Line folja kbira tal-ħami b'karta parċmina; imwarrba. Laħlaħ il-ħut; nixxef b'xugamani tal-karti. Poġġi s-salamun, in-naħa tal-ġilda 'l isfel, fuq folja tal-ħami ppreparata. Fi skutella żgħira, għaqqad iż-żerriegħa tal-bużbież, ½ kuċċarina tas-salvja mnixxfa, kosbor, mustarda u bżar. Roxx indaqs fuq is-salamun; Togħrok bis-swaba.

2. Kejjel il-ħxuna tal-ħut. Grill salamun għal 4 sa 6 minuti kull ħxuna ta '1/2 pulzier jew sakemm il-ħut jibda jitfarfar meta ttestjat bil-furketta.

3. Sadanittant, għaz-zalza skillet, f'taqla kbira saħħan iz-zejt taz-zebbuga fuq nar medju. Żid faqqiegħ u shalot; sajjar 6 sa 8 minuti jew sakemm il-faqqiegħ ikun sarr u għadu kemm jibda jismar, ħawwad kultant. Żid it-tuffieħ; għatti u sajjar u ħawwad 4 minuti oħra. Żid l-inbid bir-reqqa. Sajjar, mikxuf, minn 2 sa 3 minuti jew sakemm il-flieli tat-tuffieħ ikunu teneri. Bl-użu ta 'mgħarfa slotted, ittrasferixxi taħlita ta' faqqiegħ għal skutella medja; għatti biex iżżomm sħun.

4. Fl-istess skillet, sajjar l-ispinaċi għal minuta jew sakemm l-ispinaċi jkun sarra, ħawwad kontinwament. Aqsam l-ispinaċi fost erba' platti tas-servizz. Aqta' l-flett tas-salamun f'erba' porzjonijiet ugwali, aqta 'sa, iżda mhux minn ġol-ġilda. Uża spatula kbira biex tneħħi l-porzjonijiet tas-salamun mill-ġilda; poġġi porzjon salamun fuq spinaċi fuq kull platt. Ferra t-taħlita tal-faqqiegħ indaqs fuq is-salamun. Jekk mixtieq, żejjen b'salvja friska.

* Tip: Uża mehrież u lida u grinder tal-ħwawar biex tfarrak b'mod fin iż-żerriegħa tal-bużbież.

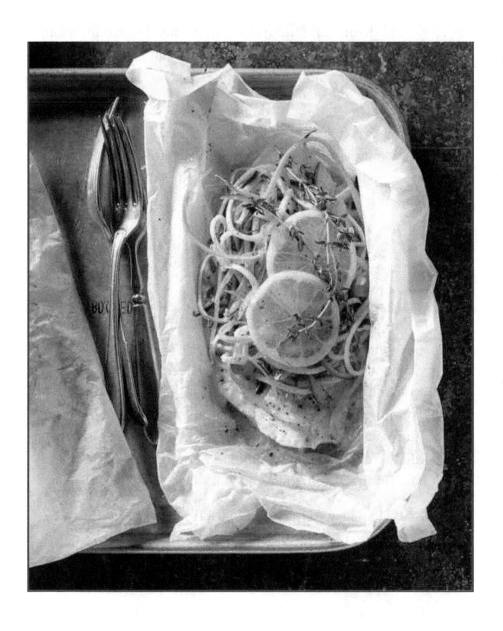

SOLE EN PAPILLOTE BIL-ĦXEJJEX JULIENNE

XOGHOL TAD-DAR:30 minuta bake: 12-il minuta Rendiment: 4 porzjonijietRITRATT

TISTA 'ĊERTAMENT HAXIX JULIENNEB'SIKKINA TAJBA TAL-KOK LI JAQTGĦU, IŻDA TIEĦU ŻMIEN TWIL. TQAXXAR JULIENNE (ARA"TAGHMIR") TAGHMEL XOGHOL TA 'MALAJR BIEX TOĦLOQ STRIXXI TA' ĦXEJJEX TWAL, IRQAQ U B'FORMA UNIFORMI.

4 fletti ta 'lingwata, barbun, jew fletti ta' ħut abjad sod, friski jew iffriżati

1 zucchini mqatta' fil-ġuljen

1 zunnarija kbira, imqatta 'juljene

½ basla ħamra, maqtugħa f'ġuljene

2 tadam roma, żerriegħa u mqattgħin fin

2 sinniet tat-tewm ikkapuljat

1 tablespoon żejt taż-żebbuġa

½ kuċċarina bżar iswed

1 lumi, maqtugħa fi 8 flieli rqaq, miżrugħa

8 friegħi ta' sagħtar frisk

4 kuċċarini żejt taż-żebbuġa

¼ tazza inbid abjad niexef

1. Ħoll il-ħut, jekk ikun iffriżat. Saħħan il-forn għal 375 ° F. Fi skutella kbira għaqqad il-zucchini, il-karrotta, il-basla, it-tadam u t-tewm. Żid 1 tablespoon żejt taż-żebbuġa u ¼ kuċċarina bżar; ħawwad sew biex tgħaqqad. Waħħal il-ħaxix.

2. Aqta' erba' kwadri ta' 14-il pulzier karta parċmina. Laħlaħ il-ħut; nixxef b'xugamani tal-karti. Poġġi flett fiċ-ċentru ta' kull kwadru. Roxx bil-kuċċarina ta' bżar li jifdal. Irranġa l-ħaxix, il-kunjardi tal-lumi, u l-friegħi tas-sagħtar fuq il-

145

fletti, diviż indaqs. Drixx kull munzell ma '1 kuċċarina żejt taż-żebbuġa u 1 tablespoon inbid abjad.

3. Aħdem b'pakkett wieħed kull darba, erfa' żewġ naħat opposti tal-karta parċmina u ittwihom fuq il-ħut diversi drabi. Itwi t-truf tal-parċmina biex tissiġilla.

4. Poġġi pakketti fuq folja kbira tal-ħami. Aħmi madwar 12-il minuta jew sakemm il-ħut jibda jitfarfar meta jiġi ttestjat bil-furketta (iftaħ il-pakkett bir-reqqa biex tivverifika jekk hux).

5. Biex isservi, poġġi kull pakkett fuq platt; iftaħ il-pakketti bir-reqqa.

TACOS TAL-PESTO TAL-ARUGULA BIL-KREMA TAL-ĠIR AFFUMIKATA

XOGĦOL TAD-DAR:30 minuta grill: 4 sa 6 minuti kull ½ pulzier ta 'ħxuna Rendimenti: 6 porzjonijiet

TISTA' TISSOSTITWIXXI L-LINGWATA GĦALL-MERLUZZ"MHUX TILAPIA. TILAPIA HIJA SFORTUNATAMENT WAĦDA MILL-AGĦAR GĦAŻLIET GĦALL-ĦUT. HUWA KWAŻI UNIVERSALMENT IMROBBI FL-IRZIEZET U ĦAFNA DRABI F'KUNDIZZJONIJIET ORRIBBLI, GĦALHEKK FILWAQT LI T-TILAPIA HIJA KWAŻI KULLIMKIEN, GĦANDHA TIĠI EVITATA.

4 Fletti tal-lingwata friski jew iffriżati ta' 4 sa 5 uqija, ħoxnin madwar ½ pulzier

1 riċetta għal Rocket Pesto (arariċetta)

½ tazza krema tal-anakardju (arariċetta)

1 kuċċarina tħawwir affumikat (arariċetta)

½ kuċċarina qoxra tal-ġir maħkuka fin

12-il weraq tal-ħass tal-butir

1 avokado misjur, imqatta' bin-nofs, bil-għadma, imqaxxar u mqatta' rqiq

1 kikkra tadam imqatta

¼ tazza cilantro frisk imqatta

1 ġir, maqtugħ f'kunjardi

1. Ħoll il-ħut, jekk ikun iffriżat. Laħlaħ il-ħut; nixxef b'xugamani tal-karti. Waħħal il-ħut.

2. Ogħrok ftit Pesto tar-rugula fuq iż-żewġ naħat tal-ħut.

3. Għal grill tal-faħam jew tal-gass, poġġi l-ħut fuq xtilliera miż-żejt direttament fuq sħana medja. Għatti u grill għal 4 sa 6 minuti jew sakemm il-ħut jibda jitfarfar meta jiġi ttestjat b'furketta, taqleb darba f'nofs il-grill.

4. Intant, għall-Krema tal-Ġir Affumikat, fi skutella żgħira
   ħallat flimkien il-krema tal-anakardju, il-ħwawar tal-
   affumikazzjoni u l-qoxra tal-ġir.

5. Bil-furketta, aqsam il-ħut f'biċċiet. Imla l-folji tal-butir bil-
   ħut, flieli tal-avokado, u t-tadam; ferrex bil-cilantro.
   Drizzle tacos bil-krema tal-ġir affumikat. Servi bil-kunjardi
   tal-ġir biex tagħfas fuq it-tacos.

PAKKETTI TAL-MERLUZZ GRILLED U ZUCCHINI BI ZALZA PIKKANTI MANGO BASILE

XOGĦOL TAD-DAR:20 minuta grill: 6 minuti rendiment: 4 porzjonijiet

1 sa 1½ libbra merluzz frisk jew iffriżat, ½ sa 1 pulzier ħoxna

4 biċċiet 24-il pulzier twil, fojl wiesa '12-il pulzier

Zucchini medju 1, imqatta 'juljene

Ħwawar tal-Ħxejjex tal-Lumi (arariċetta)

¼ tazza Chipotle Paleo Mayo (arariċetta)

1 sa 2 tablespoons mango misjur purè*

1 tablespoon meraq tal-lumi jew tal-ġir frisk jew ħall tal-inbid tar-ross

2 imgħaref ħabaq frisk imqatta

1. Ħoll il-ħut, jekk ikun iffriżat. Laħlaħ il-ħut; nixxef b'xugamani tal-karti. Aqta' l-ħut f'erba' porzjonijiet.

2. Itwi kull biċċa fojl tal-aluminju fin-nofs biex toħloq kwadru ta' 12-il pulzier (30cm) ħxuna doppja. Poġġi porzjon tal-ħut f'nofs kwadru ta' fojl tal-aluminju. Top bi kwart tal-zucchini. Roxx bil-Ħwawar tal-Ħxejjex tal-Lumi. Neħħi żewġ naħat opposti tal-fojl tal-aluminju u itwiha fuq iż-zucchini u ħut diversi drabi. Itwi t-truf tal-fojl tal-aluminju. Irrepeti biex tagħmel tliet qatet oħra. Għaz-zalza, fi skutella żgħira ħallat flimkien iċ-Chipotle Paleo Mayo, il-mango, il-meraq tal-ġir u l-ħabaq; imwarrba.

3. Għal grill tal-faħam tal-kannol jew grill tal-gass, poġġi pakketti fuq gradilja tal-grill miż-żejt direttament fuq sħana medja. Għatti u grill għal 6 sa 9 minuti jew sakemm il-ħut jibda jitfarfar meta jiġi ttestjat bil-furketta u l-zucchini ikun iqarmeċ-tender (iftaħ il-pakkett bir-reqqa

biex tittestja jekk hux). Dawwarx il-pakketti waqt ix-xiwi.
Quddiem kull porzjon biz-zalza.

*Pariri: Għall-puree tal-mango, fi blender għaqqad ¼ tazza
mango mqatta' u 1 tablespoon ilma. Għatti u ħallat
sakemm tkun lixxa. Żid ir-ruttam tal-mango pured ma'
smoothie.

RIESLING POACHED MERLUZZ BIT-TADAM MIMLI PESTO

XOGHOL TAD-DAR:30 minuta sajjar: 10 minuti rendiment: 4 porzjonijiet

1 sa 1½ libbra flettijiet tal-merluzz friski jew iffriżati, ħxuna ta 'madwar 1 pulzier

4 tadam roma

3 imgħaref Pesto tal-ħabaq (arariċetta)

¼ kuċċarina bżar iswed mitħun

1 tazza Riesling niexef jew Sauvignon Blanc

1 sprig sagħtar frisk jew ½ kuċċarina sagħtar imnixxef, imfarrak

1 werqa tar-rand

½ tazza ilma

2 imgħaref taċ-ċavella mqatta

Flieli tal-lumi

1. Ħoll il-ħut, jekk ikun iffriżat. Aqta' t-tadam min-nofs orizzontalment. Oħroġ iż-żrieragħ u parti mill-polpa. (Jekk meħtieġ biex it-tadam jissettja, qatgħa rqiqa ħafna mit-tarf, oqgħod attent li ma tpoġġix toqba fil-qiegħ tat-tadam.) Poġġi ftit pesto fuq kull nofs tat-tadam; sprinkle bil-bżar mitħun; imwarrba.

2. Laħlaħ il-ħut; nixxef b'xugamani tal-karti. Aqta' l-ħut f'erba' biċċiet. Poġġi basket tal-steamer fi skillet kbir b'għatu li jwaħħal sewwa. Żid madwar ½ pulzier ilma mat-taġen. Hallih jagħli; naqqas is-sħana għal medja. Żid it-tadam, naħa maqtugħa 'l fuq, mal-basket. Għatti u fwar għal 2 sa 3 minuti jew sakemm jissaħħan.

3. Irranġa t-tadam fuq platt; għatti biex iżżomm sħun. Neħħi l-qoffa tal-steamer minn skillet; armi l-ilma. Żid l-inbid, is-sagħtar, il-weraq tar-rand, u nofs tazza ilma fit-taġen. Hallih jagħli; Naqqas is-sħana għal medju-baxx. Żid il-ħut

u l-basal tar-rebbiegħa. Ttektek, mgħotti, għal 8 sa 10 minuti jew sakemm il-ħut jibda jitfarfar meta jiġi ttestjat bil-furketta.

4. Idlek il-ħut bi ftit mil-likwidu tal-poaching. Servi l-ħut bit-tadam mimli bil-pesto u l-kunjardi tal-lumi.

MERLUZZ GRILLED BIL-QOXRA TAL-PISTAĊĊI U KOSBOR FUQ PURÈ TAL-PATATA ĦELWA

XOGĦOL TAD-DAR:20 minuta sajjar: 10 minuti broil: 4 sa 6 minuti kull ½ pulzier ta 'ħxuna Rendiment: 4 porzjonijiet

1 sa 1½ libbra ta' merluzz frisk jew iffriżat

Żejt taż-żebbuġa jew żejt tal-ġewż raffinat

2 imgħaref pistaċċi mitħun, ġewż, jew lewż

1 abjad tal-bajd

½ kuċċarina qoxra tal-lumi maħkuka fin

1½ libbra patata ħelwa, imqaxxra u maqtugħa f'biċċiet

2 sinniet tat-tewm

1 tablespoon żejt tal-ġewż

1 tablespoon ġinġer frisk maħkuk

½ kuċċarina kemmun mitħun

¼ tazza ħalib tal-ġewż (bħal Nature's Way)

4 kuċċarini pesto cilantro jew pesto tal-ħabaq (ara riċetti)

1. Ħoll il-ħut, jekk ikun iffriżat. Preheat grill. Gralja taż-żejt ta 'xiwi. Fi skutella żgħira għaqqad ġewż mitħun, abjad tal-bajd, u qoxra tal-lumi; imwarrba.

2. Għall-patata ħelwa maxx, f'kazzola medja sajjar il-patata ħelwa u t-tewm f'ilma jagħli biżżejjed biex tkopri għal 10 sa 15-il minuta jew sakemm ikunu offerti. Biex ixxotta; Erġa' lura l-patata ħelwa u t-tewm fil-kazzola. Bl-użu ta 'masher tal-patata, maxx il-patata ħelwa. Żid 1 tablespoon kull wieħed ta 'żejt tal-ġewż, ġinġer, u kemmun. Ħallat mal-ħalib tal-ġewż sakemm ikun ħafif u fluffy.

3. Laħlaħ il-ħut; nixxef b'xugamani tal-karti. Aqta 'l-ħut f'erba' biċċiet u poġġi fuq l-ixtilliera ippreparata mhux imsaħħan

ta 'xiwi. Tuck taħt it-truf irqaq. Ifrex kull biċċa bi Cilantro Pesto. Ferra t-taħlita tal-ġewż fuq il-pesto u ferrex bil-mod. Grill il-ħut 4 pulzieri mis-sħana għal 4 sa 6 minuti għal kull ħxuna ta '½ pulzier jew sakemm il-ħut jibda jitfarfar meta jiġi ttestjat b'furketta, għatti b'fojl tal-aluminju waqt ix-xiwi jekk il-kisja tibda tinħaraq. Servi ħut bil-patata ħelwa.

MERLUZZ BIL-KLIN U TANGERINE BIL-BROKKLI INKALJAT

XOGĦOL TAD-DAR:15-il minuta Immarinar: sa 30 minuta Ħami: 12-il minuta
Produzzjoni: 4 porzjonijiet

1 sa 1½ libbra ta' merluzz frisk jew iffriżat

1 kuċċarina qoxra tangerine maħkuka fin

½ tazza tangerine frisk jew meraq tal-lariġ

4 imgħaref żejt taż-żebbuġa

2 kuċċarini klin frisk maqtugħ fi strixxi

¼ sa ½ kuċċarina bżar iswed mitħun

1 kuċċarina qoxra tangerine maħkuka fin

3 tazzi ta 'florets tal-brokkoli

¼ kuċċarina bżar aħmar imfarrak

Flieli tangerine, miżrugħa

1. Saħħan minn qabel il-forn għal 450 ° F. Holl il-ħut, jekk iffriżat. Laħlaħ il-ħut; nixxef b'xugamani tal-karti. Aqta' l-ħut f'erba' porzjonijiet. Kejjel il-ħxuna tal-ħut. Fi dixx baxx, għaqqad il-qoxra tat-tangerine, il-meraq tat-tangerine, 2 imgħaref żejt taż-żebbuġa, klin, u bżar iswed; żid ħut. Għatti u immarina fil-friġġ sa 30 minuta.

2. Fi skutella kbira, itfa' l-brokkoli maż-2 imgħaref żejt taż-żebbuġa li jifdal u l-bżar aħmar imfarrak. Poġġi ġo dixx tal-ħami ta' 2 kwarti.

3. Ħafif taġen tal-ħami baxx b'żejt taż-żebbuġa addizzjonali. Ixxotta l-ħut, u rriserva l-immarinar. Poġġi l-ħut fit-taġen, daħħalha taħt it-truf irqaq. Poġġi l-ħut u l-brokkoli fil-forn. Aħmi brokkoli għal 12 sa 15-il minuta jew sakemm iqarmeċ deher, ħawwad darba f'nofs it-tisjir. Aħmi l-ħut għal 4 sa 6 minuti għal kull ħxuna ta' 1/2 pulzier ta' ħut

jew sakemm il-ħut jibda jitfarfar meta jiġi ttestjat b'furketta.

4. F'kazzola żgħira, ħalli l-immarinar riservat jagħli; sajjar 2 minuti. Idlek l-immarinar fuq il-ħut imsajjar. Servi l-ħut bil-brokkoli u slices mandolin.

WRAPS TAL-ĦASS TAL-MERLUZZ BIL-KURI BIR-RAVANELL PICKLED

XOGĦOL TAD-DAR:20 minuta mistrieħ: 20 minuta kok: 6 minuti rendiment: 4 porzjonijietRITRATT

1 libbra fletti tal-merluzz frisk jew iffriżat

6 ravanell, maħkuk oħxon

6 sa 7 imgħaref ħall tas-sidru

½ kuċċarina bżar aħmar imfarrak

2 imgħaref żejt tal-ġewż mhux raffinat

¼ tazza butir tal-lewż

1 sinna tat-tewm ikkapuljat

2 kuċċarini ġinġer maħkuk fin

2 imgħaref żejt taż-żebbuġa

1½ sa 2 kuċċarini trab tal-curry mingħajr melħ

4 sa 8 weraq tal-ħass tal-butir jew weraq tal-ħass

1 bżar qampiena aħmar, imqatta 'juljene

2 imgħaref cilantro frisk maqtugħ fi strixxi

1. Ħoll il-ħut, jekk ikun iffriżat. Fi skutella medja, għaqqad ir-ravanell, 4 imgħaref tal-ħall, u ¼ kuċċarina tal-bżar aħmar imfarrak; ħalliha toqgħod għal 20 minuta, ħawwad kultant.

2. Għaż-zalza tal-butir tal-lewż, f'kazzola żgħira, dewweb iż-żejt tal-ġewż fuq nar baxx. Ħawwad il-butir tal-lewż sakemm ikun lixx. Żid it-tewm, il-ġinġer, u ¼ kuċċarina bżar aħmar imfarrak li jifdal. Neħħiha mis-sħana. Żid il-bqija 2 sa 3 tablespoons tal-ħall tas-sidru, ħawwad sakemm ikun lixx; imwarrba. (Zalza se teħxien ftit meta jiżdied il-ħall.)

3. Laħlaħ il-ħut; nixxef b'xugamani tal-karti. Fi skillet kbira, saħħan iż-żejt taż-żebbuġa u t-trab tal-curry fuq nar

medju. Żid il-ħut; sajjar minn 3 sa 6 minuti jew sakemm il-ħut jibda jitfarfar meta jiġi ttestjat b'furketta, dawwar darba f'nofs il-ħin tat-tisjir. Uża żewġ frieket, qatgħa l-ħut b'mod oħxon.

4. Ixxotta r-ravanell; armi l-immarinar. Mgħarfa ftit ħut, strixxi tal-bżar ħelu, taħlita tar-ravanell, u zalza tal-butir tal-lewż fuq kull weraq tal-ħass. Roxx bil-kosbor. Kebbeb il-folja madwar il-mili. Jekk mixtieq, waħħal tgeżwir b'snien tal-injam.

HADDOCK INKALJAT BIL-LUMI U L-BUŻBIEŻ

XOGĦOL TAD-DAR:25 minuta mixwi: 50 minuta rendiment: 4 porzjonijiet

HADDOCK, POLLOCK U MERLUZZ GĦANDHOMLAHAM ABJAD SOD B'TOGĦMA ĦAFIFA. HUMA INTERKAMBJABBLI FIL-BIĊĊA L-KBIRA TAR-RIĊETTI, INKLUŻ DAN IL-ĦUT MOĦMI FAĊLI U DIXX TAL-ĦAXIX BIL-ĦXEJJEX AROMATIĊI U L-INBID.

4 6-uqija haddock frisk jew iffriżat, haddock, jew fletti tal-merluzz, ħoxnin madwar ½ pulzier

1 bozza kbira tal-bużbież, bil-qalba u mqatta', weraq riservat u mqatta'

4 karrotti medji, imqatta' bin-nofs vertikalment u mqattgħin f'biċċiet twal ta' 2 sa 3 pulzieri

1 basla ħamra, imqatta' bin-nofs u mqatta'

2 sinniet tat-tewm ikkapuljat

1 lumi imqatta' rqiqa

3 imgħaref żejt taż-żebbuġa

½ kuċċarina bżar iswed

¾ tazza inbid abjad niexef

2 imgħaref tursin frisk imqatta' fin

2 imgħaref frondi tal-bużbież frisk imqattgħin

2 kuċċarini qoxra tal-lumi maħkuka fin

1. Ħoll il-ħut, jekk ikun iffriżat. Saħħan il-forn għal 400 ° F. Fi dixx tal-ħami rettangolari ta '3-quart, għaqqad il-bużbież, il-karrotti, il-basla, it-tewm u l-kunjardi tal-lumi. Drixx b'2 imgħaref żejt taż-żebbuġa u ferrex ¼ kuċċarina bżar; ħawwad biex iksi. Ferra l-inbid fuq platt. Għatti d-dixx bil-fojl tal-aluminju.

2. Grill għal 20 minuta. Skopri; ħawwad fit-taħlita tal-ħxejjex. Grill 15 sa 20 minuta oħra jew sakemm il-ħaxix ikun

iqarmeċ-offerta. Ħawwad it-taħlita tal-ħxejjex. Roxx il-ħut b'¼ kuċċarina bżar li jifdal; poġġi l-ħut fuq it-taħlita tal-ħaxix. Drixx bil-kuċċarina li fadal żejt taż-żebbuġa. Grill 8 sa 10 minuti jew sakemm il-ħut jibda jitfarfar meta jiġi ttestjat bil-furketta.

3. Fi skutella żgħira, għaqqad it-tursin, il-frott tal-bużbież, u l-qoxra tal-lumi. Biex isservi, aqsam it-taħlita tal-ħut u l-ħaxix fost il-platti tas-servizz. Ferra l-meraq tal-pan fuq il-ħut u l-ħaxix. Roxx bit-taħlita tat-tursin.

WALNUT CRUSTED SNAPPER B'REMOULADE U CAJUN OKRA U TADAM

XOGĦOL TAD-DAR:1 siegħa sajjar: 10 minuti bake: 8 minuti Rendiment: 4 porzjonijiet

DAN ID-DIXX TAL-ĦUT LI JIXRAQ LILL-KUMPANIJATIEHU FTIT HIN BIEX TIPPREPARA, IŻDA T-TOGĦMIET SINJURI JAGĦMLUHA WORTH IT. REMOULADE, ZALZA BBAŻATA FUQ IL-MAYONNAISE BI DRESSING TAL-MUSTARDA-LUMI-CAJUN U MAGĦMULA B'BŻAR AĦMAR IMQATTA ', SCALLIONS, U TURSIN, TISTA' SSIR ĠURNATA QABEL U MKESSĦA.

4 imgħaref żejt taż-żebbuġa

½ tazza pacani mqattgħin fin

2 imgħaref tursin frisk imqatta'

1 tablespoon sagħtar frisk imqatta

2 fletti ta' snapper aħmar ta' 8 uqija, ħxuna ta' ½ pulzier

4 kuċċarini ħwawar Cajun (ara riċetta)

½ tazza basla mqatta

½ tazza bżar aħdar imqatta'

½ tazza karfus imqatta' f'kudi

1 tablespoon tewm ikkapuljat

1 libbra imżiewed okra friski, maqtugħin fi flieli ta '1 pulzier ħoxnin (jew asparagu frisk, maqtugħ f'biċċiet ta' 1 pulzier)

8 uqija tadam taċ-ċirasa jew tal-għeneb, imnaqqas bin-nofs

2 kuċċarini sagħtar frisk imqatta

Bżar iswed

Rémoulade (ara r-riċetta, il-lemin)

1. Fi skillet medju, saħħan 1 tablespoon żejt taż-żebbuġa fuq sħana medja. Żid il-ġewż u toast għal madwar 5 minuti jew sakemm dehbi u fragranti, ħawwad spiss. Ittrasferixxi

l-ġewż għal skutella żgħira u ħallih jiksaħ. Żid it-tursin u s-sagħtar u rriżerva.

2. Saħħan minn qabel il-forn għal 400 ° F. Line folja tal-ħami b'karta tal-parċmina jew fojl tal-aluminju. Poġġi l-fletti tal-snapper fuq il-folja tal-ħami, in-naħa tal-ġilda 'l isfel, u ferrex kull wieħed b'kuċċarina tħawwir Cajun. Permezz ta' pinzell tal-għaġina, ixkupilja 2 imgħaref żejt taż-żebbuġa fuq il-fletti. Aqsam it-taħlita tal-ġewż b'mod ugwali fost il-fletti, billi tagħfas il-ġewż bil-mod fuq il-wiċċ tal-ħut biex jaderixxi. Għatti l-oqsma kollha esposti tal-flett tal-ħut bil-ġewż jekk possibbli. Aħmi l-ħut għal 8 sa 10 minuti jew sakemm jitfarfar faċilment bil-ponta ta' sikkina.

3. Fi skillet kbira, saħħan il-kuċċarina żejt taż-żebbuġa li jifdal fuq nar medju-għoli. Żid il-basla, il-bżar qampiena, il-karfus u t-tewm. Sajjar u ħawwad għal 5 minuti jew sakemm il-ħaxix ikun iqarmeċ. Żid okra imqatta' (jew asparagu jekk tuża) u tadam; sajjar minn 5 sa 7 minuti jew sakemm l-okra tkun iqarmeċ-offerta u t-tadam biss jibda jinqasam. Neħħi minn fuq in-nar u ħawwad bis-sagħtar u bżar iswed għat-togħma. Servi l-ħaxix ma snapper u Rémoulade.

Remoulade: Fi proċessur tal-ikel, polz ½ tazza bżar aħmar imqatta', ¼ tazza scallions imqatta', u 2 imgħaref tursin frisk imqatta' sakemm ikun tajjeb. Żid ¼ tazza Paleo Mayo (arariċetta), ¼ tazza mustarda stil Dijon (arariċetta), 1½ kuċċarina meraq tal-lumi, u ¼ kuċċarina tħawwir Cajun (arariċetta). Pulse sakemm magħquda. Ittrasferixxi għal skutella li sservi u poġġi fil-friġġ sakemm tkun lesta biex isservi. (Remoulade jista' jsir jum qabel u mkessaħ.)

EMPANADAS TAT-TONN BIT-TARRAGON BL-AVOKADO U L-LUMI ALIOLI

XOGĦOL TAD-DAR:25 minuta sajjar: 6 minuti Rendiment: 4 porzjonijietRITRATT

FLIMKIEN MAS-SALAMUN, IT-TONN HUWA WIEĦEDWIEĦED MIT-TIPI RARI TA 'ĦUT LI JISTA' JIĠI MQATTA 'B'MOD FIN U FFURMAT FI PATTIES. OQGĦOD ATTENT LI MA TIPPROĊESSAX IŻŻEJJED IT-TONN FL-FOOD PROCESSOR; L-IPPROĊESSAR ŻEJJED IWEBBESHA.

1 £ steaks tat-tonn friski jew iffriżati mingħajr ġilda

1 abjad tal-bajd, imsawta ħafif

¾ tazza ikla mitħun taż-żerriegħa tal-kittien tad-deheb

1 tablespoon tarragon frisk imqatta jew xibt

2 imgħaref taċ-ċavella friska mqatta'

1 kuċċarina qoxra tal-lumi maħkuka fin

2 imgħaref żejt tal-kittien, żejt tal-avokado, jew żejt taż-żebbuġa

1 avokado medju, miżrugħa

3 imgħaref Paleo Mayo (araṛiċetta)

1 kuċċarina qoxra tal-lumi maħkuka fin

2 kuċċarini meraq tal-lumi frisk

1 sinna tat-tewm ikkapuljat

4 uqija spinaċi tat-trabi (madwar 4 tazzi ppakkjati sewwa)

⅓ tazza vinaigrette tat-tewm inkaljat (araṛiċetta)

1 tuffieħ Granny Smith, bil-qalba u mqatta' f'biċċiet daqs taqlib

¼ tazza ġewż mixwi mqatta' (aratilt)

1. Ħoll il-ħut, jekk ikun iffriżat. Laħlaħ il-ħut; nixxef b'xugamani tal-karti. Qatta' l-ħut f'biċċiet ta' 1½ pulzier. Poġġi l-ħut fi proċessur tal-ikel; ipproċessa bil-polz mixgħul/mitfi sakemm maqtugħa fin. (Oqgħod attent li ma

tipproċessax iżżejjed jew se twebbes il-burger.) Waħħal il-ħut.

2. Fi skutella medja, għaqqad l-abjad tal-bajd, ¼ tazza mill-ikla taż-żerriegħa tal-kittien, l-estragon, iċ-ċavella, u l-qoxra tal-lumi. Żid il-ħut; ħawwad bil-mod biex tgħaqqad. Agħmel it-taħlita tal-ħut f'erba' patties ħoxnin ta' nofs pulzier.

3. Poġġi l-bqija ½ tazza ikla tal-kittien fi dixx baxx. Dip patties fit-taħlita tal-kittien, iddawwar biex iksi b'mod uniformi.

4. Fi skillet extra-kbira, saħħan iż-żejt fuq sħana medja. Sajjar il-patties tat-tonn fiż-żejt jaħraq għal 6 sa 8 minuti jew sakemm termometru li jinqara instantanament imdaħħal orizzontalment fil-patties jirreġistra 160°F, idur darba f'nofs il-ħin tat-tisjir.

5. Sadanittant, għall-aioli, fi skutella medja, uża furketta biex tgħaffeġ l-avokado. Żid Paleo Mayo, qoxra tal-lumi, meraq tal-lumi, u tewm. Ħallat sakemm titħallat sew u kważi bla xkiel.

6. Poġġi l-ispinaċi fi skutella medja. Drixx l-ispinaċi bil-vinaigrette tat-tewm inkaljat; ħawwad biex iksi. Għal kull porzjon, poġġi patty tat-tonn u kwart tal-ispinaċi fuq platt tas-servizz. Fuq it-tonn bi ftit aioli. Quddiem l-ispinaċi bit-tuffieħ u l-ġewż. Servi immedjatament.

STRIPED BASS TAGINE

XOGHOL TAD-DAR:50 minuta tkessaħ: 1 sa saghtejn sajjar: 22 minuta bake: 25 minuta rendiment: 4 porzjonijiet

TAGINE HUWA L-ISEM TAKEMM TIP TA' PLATT TAL-AFRIKA TA' FUQ (TIP TA' STEW) KIF UKOLL IL-BORMA F'FORMA TA' KON LI FIHA JISSAJJAR. JEKK M'GHANDEKX WAHDA, TAĠEN MIKSI LI JIFLAH GHALL-FORN JAHDEM TAJJEB. CHERMOULA HIJA PEJST OHXON TAL-HXEJJEX TA 'L-AFRIKA TA' FUQ LI JINTUŻA L-AKTAR SPISS BHALA IMMARINAT GHALL-HUT. SERVI DAN ID-DIXX TAL-HUT IKKULURIT BIL-PATATA HELWA JEW IL-PURÈ TAL-PASTARD.

4 6-uqija tal-bass strixxat frisk jew iffriżat jew fletti tal-ħalibatt, ġilda fuq

1 mazz ta 'cilantro mqatta'

1 kuċċarina qoxra tal-lumi maħkuka fin (riżerva)

¼ tazza meraq tal-lumi frisk

4 imgħaref żejt taż-żebbuġa

5 sinniet tat-tewm ikkapuljat

4 kuċċarini kemmun mitħun

2 kuċċarini paprika ħelwa

1 kuċċarina kosbor mitħun

¼ kuċċarina ħlewwa mitħun

1 basla kbira, imqaxxra, imqatta' bin-nofs u mqatta' rqiq

1 15-uqija jista 'ebda melħ miżjud imqatta' tadam inkaljat tan-nar, mhux imsaffi

½ tazza brodu tal-għadam tat-tiġieġ (ara riċetta) jew brodu tat-tiġieġ mingħajr melħ

Bżar qampiena isfar kbir, miżrugħ u maqtugħ fi strixxi ta' ½ pulzier

Bżar qampiena oranġjo kbir, miżrugħ u maqtugħ fi strixxi ta' ½ pulzier

1. Holl il-ħut, jekk ikun iffriżat. Laħlaħ il-ħut; nixxef b'xugamani tal-karti. Poġġi l-fletti tal-ħut f'dixx tal-ħami baxx u mhux tal-metall. Waħħal il-ħut.

2. Għaċ-chermoula, fi blender żgħir jew proċessur tal-ikel, għaqqad cilantro, meraq tal-lumi, 2 imgħaref żejt taż-żebbuġa, 4 sinniet tat-tewm ikkapuljat, kemmun, paprika, kosbor, u aniżetta. Għatti u ipproċessa sakemm tkun lixxa.

3. Poġġi nofs iċ-chermoula fuq il-ħut, dawwar biex iksi ż-żewġ naħat. Għatti u fil-friġġ għal siegħa sa sagħtejn. Għatti ċ-chermoula li fadal; ħalliha toqgħod f'temperatura tal-kamra sakemm ikun meħtieġ.

4. Saħħan minn qabel il-forn għal 325 ° F. Fi skillet kbir li ma jgħaddix mill-forn, saħħan iż-2 imgħaref żejt li jifdal fuq nar medju-għoli. Żid il-basla; sajjar u ħawwad għal 4 sa 5 minuti jew sakemm isiru teneri. Ħawwad il-bqija 1 sinna tat-tewm ikkapuljat; sajjar u ħawwad 1 minuta. Żid iċ-chermoula riżervata, it-tadam, il-brodu tal-għadam tat-tiġieġ, l-istrixxi tal-bżar ħelu, u l-qoxra tal-lumi. Ħallih jagħli; naqqas is-sħana. Ttektek, mikxuf, għal 15-il minuta. Jekk mixtieq, ittrasferixxi t-taħlita għal tagine; top bil-ħut u kull chermoula li fadal mid-dixx. Qoxra; aħmi 25 minuta. Servi immedjatament.

BOUILLABAISSE TAL-FROTT TAL-BAHAR

BIDU SA TMIEM: 1¾ SIEGHA RENDIMENT: 4 PORZJONIJIET

BHAS-CIOPPINO TALJAN, DAN L-ISTUFFAT TAL-FROTT TAL-BAHAR FRANĊIŻDE PESCADO Y MARISCO JIDHER LI JIRRAPPREŻENTA KAMPJUN TAL-QABDA TAL-ĠURNATA MITFUGHA ĠO BORMA BIT-TEWM, IL-BASAL, IT-TADAM U L-INBID. IT-TOGHMA DISTINTIVA TAL-BOUILLABAISSE, MADANKOLLU, HIJA L-KOMBINAZZJONI TA 'ŻAGHFRAN, BUŻBIEŻ, U TOGHMIET TAL-QOXRA TAL-LARINĠ.

1 libbra flett tal-ħalibatt mingħajr ġilda frisk jew iffriżat, maqtugħ f'biċċiet ta' 1 pulzier

4 imgħaref żejt taż-żebbuġa

2 tazzi ta 'basal imqatta'

4 sinniet tat-tewm, imfarrak

1 ras tal-bużbież, bil-qalba u mqatta

6 tadam roma, imqatta

¾ tazza brodu tal-għadam tat-tiġieġ (arariċetta) jew brodu tat-tiġieġ mingħajr melħ

¼ tazza inbid abjad niexef

1 tazza basla mqatta' fin

1 ras ta 'bużbież, bil-qalba u mqatta' fin

6 sinniet tat-tewm, ikkapuljat

1 oranġjo

3 tadam roma, imqatta fin

4 linji taż-żagħfran

1 tablespoon oregano frisk imqatta

1 libbra gandoffli, scrubbed u mlaħalħa

1 libbra mussels, daqna mneħħija, maħsula u mlaħalħa (aratilt)

oregano frisk imqatta' (mhux obbligatorju)

1. Ħoll il-ħalibatt, jekk ikun iffriżat. Laħlaħ il-ħut; nixxef b'xugamani tal-karti. Waħħal il-ħut.

2. F'kazzola ta' 6 sa 8 kwarti, saħħan 2 imgħaref taż-żejt taż-żebbuġa fuq sħana medja. Żid 2 tazzi tal-basal imqatta, 1 ras ta 'bużbież imqatta', u 4 sinniet tat-tewm imfarrak mal-borma. Sajjar 7 sa 9 minuti jew sakemm il-basla tkun delikata, ħawwad kultant. Żid 6 tadam imqatta' u 1 ras ta' bużbież imqatta'; sajjar għal 4 minuti oħra. Żid brodu tal-għadam tat-tiġieġ u inbid abjad fil-borma; ħalliha ttektek għal 5 minuti; kessaħ ftit. Ittrasferixxi t-taħlita tal-ħxejjex għal blender jew proċessur tal-ikel. Għatti u ħallat jew ipproċessa sakemm tkun lixxa; imwarrba.

3. Fl-istess forn Olandiż, saħħan il-kuċċarina żejt taż-żebbuġa li jifdal fuq sħana medja. Żid 1 tazza ta 'basla mqatta' fin, 1 ras ta 'bużbież imqatta' fin, u 6 sinniet tat-tewm ikkapuljat. Sajjar fuq sħana medja minn 5 sa 7 minuti jew sakemm kważi sarra, ħawwad spiss.

4. Uża peeler tal-ħaxix biex tneħħi l-qoxra mill-laringġ fi strixxi wesgħin; imwarrba. Żid it-taħlita tal-ħaxix purè, 3 tadam imqatta ', żagħfran, oregano, u strixxi tal-qoxra tal-laringġ fil-forn Olandiż. Ħallih jagħli; naqqas is-sħana biex tkompli ttektek. Żid gandoffli, mussels, u ħut; itfa bil-mod biex il-ħut jinksi biz-zalza. Aġġusta s-sħana kif meħtieġ biex iżżomm it-tektek. Għatti u ħalliha ttektek għal 3 sa 5 minuti sakemm il-maskli u l-garzelli jkunu fetħu u l-ħut jibda jitfarfar meta jiġi ttestjat bil-furketta. Servi fi skutelli baxxi. Jekk mixtieq, sprinkle b'oregano addizzjonali.

CEVICHE KLASSIKU TAL-GAMBLI

XOGĦOL TAD-DAR:20 minuta ta' tisjir: 2 minuti ta' tkessiħ: siegħa ta' mistrieħ: 30 minuta
Rendiment: 3 sa 4 porzjonijiet

DAN ID-DIXX TAL-AMERIKA LATINA HUWA BLASTTA' TOGĦMIET U NISĠA. ĦJAR U KARFUS IQARMEĊ, AVOKADO KREMUŻ, JALAPENOS SĦAN U PIKKANTI, U GAMBLI ĦELWIN U DELIKATI HUMA MXERRDA F'MERAQ TAL-LUMI U ŻEJT TAŻ-ŻEBBUĠA. FIĊ-CEVICHE TRADIZZJONALI, L-AĊIDU FIL-MERAQ TAL-ĠIR "JSAJJAR" IL-GAMBLI, IŻDA DIP MALAJR F'ILMA JAGĦLI MA JĦALLI XEJN MIXTIEQ U MA JAGĦMILX ĦSARA LIT-TOGĦMA JEW IN-NISĠA TAL-GAMBLI.

1 libbra gambli medju frisk jew iffriżat, imqaxxar u mqaxxra, denb imneħħi

½ ħjar, imqaxxar, żerriegħa u mqatta'

1 tazza karfus imqatta'

½ basla ħamra żgħira, imqatta'

1 sa 2 jalapeños, miżrugħa u mqattgħin (aratilt)

½ tazza meraq tal-ġir frisk

2 tadam roma, imqatta'

1 avokado, imqatta' bin-nofs, żerriegħa, imqaxxar u mqatta' dadi

¼ tazza cilantro frisk imqatta

3 imgħaref żejt taż-żebbuġa

½ kuċċarina bżar iswed

1. Ħoll il-gambli, jekk iffriżati. Qaxxar u dein il-gambli; neħħi d-dnub Laħlaħ gambli; nixxef b'xugamani tal-karti.

2. Imla kazzola kbira nofsha bl-ilma. Ħallih jagħli. Żid il-gambli mal-ilma jagħli. Sajjar, mikxuf, minn 1 sa 2 minuti jew sakemm il-gambli jsiru opaki; biex tixxotta. Poġġi l-gambli fl-ilma kiesaħ u erġa ixxotta. Qatta l-gambli.

3. Fi skutella kbira żejda mhux reattiva, għaqqad gambli, ħjar, karfus, basla, jalapenos, u meraq tal-ġir. Għatti u fil-friġġ għal siegħa, ħawwad darba jew darbtejn.

4. Żid it-tadam, l-avokado, il-cilantro, iż-żejt taż-żebbuġa, u l-bżar iswed. Għatti u ħalli joqgħod f'temperatura tal-kamra għal 30 minuta. Ħawwad bil-mod qabel isservi.

INSALATA TAL-GAMBLI BIL-QOXRA TAL-ĠEWŻ U L-ISPINAĊI

XOGĦOL TAD-DAR:25 minuta bake: 8 minuti Rendiment: 4 porzjonijietRITRATT

LANED TAŻ-ŻEJT TAŻ-ŻEBBUĠA BL-AJRUSOL PRODOTTI KUMMERĊJALMENTJISTA' JKUN FIH ALKOĦOL TAL-QAMĦ, LEĊITINA U PROPELLANT; MHIJIEX TAĦLITA KBIRA META TKUN QED TIPPROVA TIEKOL IKEL PUR U REALI U TEVITA QMUĦ, XAĦMIJIET ĦŻIENA GHAS-SAĦĦA, LEGUMI, U ĦALIB. ATOMIZER TAŻ-ŻEJT JUŻA BISS L-ARJA BIEX JIMBOTTA Ż-ŻEJT F'ĊPAR FIN, PERFETT BIEX JIKSI ĦAFIF IL-GAMBLI BIL-QOXRA TAL-ĠEWŻ QABEL IL-ĦAMI.

1½ libbra gambli king size friski jew iffriżati fuq in-nofs qoxra

Atomizer Misto mimli żejt extra verġni taż-żebbuġa

2 bajd

¾ tazza coconut imqatta' jew imqatta' mhux ħelwin

¾ tazza dqiq tal-lewż

½ tazza żejt tal-avokado jew żejt taż-żebbuġa

3 imgħaref meraq tal-lumi frisk

2 imgħaref meraq tal-ġir frisk

2 sinniet tat-tewm żgħar, ikkapuljat

⅛ sa ¼ kuċċarina bżar aħmar imfarrak

8 kikkri spinaċi tat-trabi friski

1 avokado medju, imqatta' bin-nofs, bil-għadma, imqaxxar u mqatta' rqiq

1 bżar ħelu oranġjo jew isfar żgħir, maqtugħ fi strixxi rqaq daqs gidma

½ tazza basla ħamra mqatta

1. Ħoll il-gambli, jekk iffriżati. Qaxxar u tqaxxar il-gambli, u ħalli d-denb intatt. Laħlaħ gambli; nixxef b'xugamani tal-karti. Saħħan minn qabel il-forn għal 450 ° F. Line folja

kbira tal-ħami b'fojl tal-aluminju; Iksi fojl ħafif biż-żejt sprejjat mill-flixkun Misto; imwarrba.

2. Fuq platt ċatt, ħabbat il-bajd bil-furketta. F'dixx baxx ieħor għaqqad id-dqiq tal-ġewż u l-lewż. Għaddas il-gambli fil-bajd, iddawwar għall-kisja. Għaddas fit-taħlita tal-ġewż tal-Indi, tagħfas 'l isfel biex tiksi (ħalli dnub mikxuf). Irranġa l-gambli f'saff wieħed fuq il-folja tal-ħami ppreparata. Iksi l-parti ta' fuq tal-gambli biż-żejt tal-isprej mill-flixkun Misto.

3. Aħmi għal 8 sa 10 minuti jew sakemm il-gambli jkunu opaki u l-qoxra tkun ħafifa tad-deheb.

4. Sadanittant, għal garnish, f'vażett żgħir bil-kamin għaqqad żejt tal-avokado, meraq tal-lumi, meraq tal-ġir, tewm, u bżar aħmar imfarrak. Għatti u ħawwad sew.

5. Għall-insalati, aqsam l-ispinaċi fost erba 'platti li jservu. Top bl-avokado, bżar qampiena, basla ħamra, u gambli. Idlek il-dressing u servi immedjatament.

CEVICHE TAL-GAMBLI U L-ARZELL TROPIKALI

XOGĦOL TAD-DAR:20 minuta Marinade: 30 sa 60 minuta Rendiment: 4 sa 6 porzjonijiet

CEVICHE FRISK U ĦAFIF HUWA IKLA EĊĊELLENTIGĦAL LEJL SHUN TAS-SAJF. BIL-BETTIEĦA, MANGO, BŻAR SERRANO, BUŻBIEŻ, U DRESSING MANGO-LIME (ARARIĊETTA), DIN HIJA VERŻJONI ĦELWA TAL-ORIĠINAL.

1 libbra arzell frisk jew iffriżat

1 libbra gambli kbar friski jew iffriżati

2 tazzi bettieħa ħelwa f'kubi

2 mangi medji, imqaxxra, imqaxxra u mqattgħin (madwar 2 tazzi)

1 bużbież ras, maqtugħ, imqatta 'kwarti, bil-qalba u mqatta' rqiq

1 bżar qampiena aħmar medju, imqatta' (madwar ¾ tazza)

1 sa 2 chiles serrano, miżrugħa jekk mixtieq u mqatta' rqiq (ara tilt)

½ tazza cilantro frisk ippakkjat ħafif, imqatta'

1 riċetta ta' dressing għall-insalata tal-mango-ġir (ara riċetta)

1. Ħoll l-arzell u l-gambli, jekk iffriżati. Aqsam l-arzell min-nofs orizzontalment. Qaxxar, imqaxxar, u qatgħa l-gambli bin-nofs orizzontalment. Laħlaħ l-arzell u l-gambli; nixxef b'xugamani tal-karti. Imla kazzola kbira tliet kwarti mimlija bl-ilma. Ħallih jagħli. Żid il-gambli u l-arzell; sajjar minn 3 sa 4 minuti jew sakemm il-gambli u l-arzell ikunu opaki; ixxotta u laħlaħ taħt ilma kiesaħ biex tiksaħ malajr. Ixxotta sew u ħalli jistrieħ.

2. Fi skutella kbira żejjed, għaqqad il-kantalupe, il-mangu, il-bużbież, il-bżar qampiena, il-bżar serrano u l-cilantro. Żid dressing għall-insalata tal-mango-lime; itfa bil-mod biex

tiksi. Żid bil-mod il-gambli u l-arzell imsajjar. Ħalli jimmarina fil-friġġ għal 30 sa 60 minuta qabel ma sservi.

GAMBLI TEWM BL-ISPINAĊI MNIXBA U RADICCHIO

XOGĦOL TAD-DAR:15-il minuta sajjar: 8 minuti Rendiment: 3 porzjonijiet

"SCAMPI" TIRREFERI GHAL DIXX TA' RISTORANT KLASSIKUTA' GAMBLI KBAR SALTED JEW GRILLED BIL-BUTIR U ĦAFNA TEWM U LUMI. DIN IL-VERŻJONI TAŻ-ŻEJT TAŻ-ŻEBBUĠA PIKKANTI HIJA APPROVATA MILL-PALEO U HIJA MSAĦĦA B'MOD NUTRITTIV BI STIR-FRY MALAJR TA' RADICCHIO U SPINAĊI.

1 libbra gambli kbar friski jew iffriżati

4 imgħaref żejt extra verġni taż-żebbuġa

6 sinniet tat-tewm, ikkapuljat

½ kuċċarina bżar iswed

¼ tazza inbid abjad niexef

½ tazza tursin frisk maqtugħ fi strixxi

½ ta' ras radicchio, bil-qalba u mqatta' rqiq

½ kuċċarina bżar aħmar imfarrak

9 kikkri spinaċi tat-trabi

Flieli tal-lumi

1. Ħoll il-gambli, jekk iffriżati. Qaxxar u tqaxxar il-gambli, u ħalli d-denb intatt. Fi skillet kbira saħħan 2 imgħaref żejt taż-żebbuġa fuq nar medju-għoli. Żid gambli, 4 sinniet tat-tewm ikkapuljat, u bżar iswed. Sajjar u ħawwad madwar 3 minuti jew sakemm il-gambli jkunu opaki. Ittrasferixxi t-taħlita tal-gambli għal skutella.

2. Żid l-inbid abjad fit-taġen. Sajjar, ħawwad biex jinħall kull tewm imsejjaħ mill-qiegħ tat-taġen. Ferra l-inbid fuq il-gambli; ħawwad biex tgħaqqad. Żid it-tursin. Għatti laxk b'fojl tal-aluminju biex iżżomm sħun; imwarrba.

3. Żid iż-żewġ imgħaref żejt taż-żebbuġa li jifdal, iż-żewġ
   sinniet tat-tewm ikkapuljat li jifdal, ir-radicchio, u l-bżar
   aħmar imfarrak fit-taqlib. Sajjar u ħawwad fuq nar medju
   għal 3 minuti jew sakemm ir-radicchio jibda jidbiel. Itwi
   b'attenzjoni l-ispinaċi; sajjar u ħawwad 1 sa 2 minuti oħra
   jew sakemm l-ispinaċi jidbiel.

4. Biex isservi, aqsam it-taħlita tal-ispinaċi fost tliet platti tas-
   servizz; fuq b'taħlita tal-gambli. Servi bil-felli tal-lumi biex
   tagħfas fuq il-gambli u l-ħaxix.

INSALATA TAL-GRANĊI BL-AVOKADO, GREJPFRUT, U JICAMA

IBDA SAT-TMIEM:30 minuta jagħmel: 4 porzjonijiet

LAHAM TAL-GRANĊ ĠGANT JEW DORSALI HUWA L-AHJARGHAL DIN L-INSALATA. LAHAM TAL-GRANĊ TA 'BIĊĊIET KBAR HUWA MAGHMUL MINN BIĊĊIET KBAR LI JAHDMU TAJJEB FL-INSALATI. BACKFIN HIJA TAHLITA TA 'BIĊĊIET MIKSURA TA' LAHAM TAL-GRANĊ JUMBO CHUNK U BIĊĊIET IŻGHAR TA 'LAHAM TAL-GRANĊ MILL-ĠISEM TAL-GRANĊ. GHALKEMM HUWA IŻGHAR MILL-GRANĊ ĠGANT, IL-PINNA TA 'WARA TAHDEM TAJJEB. FRISK HUWA L-AHJAR, OVVJAMENT, IŻDA L-GRANĊ IFFRIŻAT IMDEWWEB HUWA GHAŻLA TAJBA.

6 kikkri spinaċi tat-trabi

½ jicama medja, imqaxxar u mqaxxra fil-ġuljen *

2 grejpfrut roża jew aħmar ruby, imqaxxar, żerriegħa, u maqsuma**

2 avokado żgħar, maqtugħin bin-nofs

1 libbra biċċa kbira jew laħam tal-granċ tad-dahar

Dressing tal-grejpfrut tal-ħabaq (ara r-riċetta, il-lemin)

1. Aqsam l-ispinaċi fost erba' platti tas-servizz. Top b'jicama, sezzjonijiet tal-grejpfrut u kwalunkwe meraq akkumulat, avokado u laħam tal-granċ. Drixx bi dressing tal-ħabaq-grejpfrut.

Dressing tal-Grapefruit tal-ħabaq: F'vażett bil-kamin, għaqqad ⅓ tazza żejt taż-żebbuġa extra verġni; ¼ tazza meraq tal-grejpfrut frisk; 2 imgħaref meraq tal-lariġ frisk; ½ shalot żgħir, imqatta'; 2 imgħaref ħabaq frisk imqatta' fin; ¼ kuċċarina bżar aħmar imfarrak; u ¼ kuċċarina bżar iswed. Għatti u ħawwad sew.

* Tip: Julienne peeler jagħmel xogħol ta 'malajr ta' qtugħ tal-jicama fi strixxi rqaq.

** Tip: Biex taqsam il-grejpfrut, aqta' porzjon mit-tarf taż-zokk u l-qiegħ tal-frott. Poġġiha wieqfa fuq wiċċ tax-xogħol. Aqta 'l-frott f'sezzjonijiet minn fuq għal isfel, wara l-forma tond tal-frott, biex tneħħi l-ġilda fi strixxi. Żomm il-frott fuq skutella u, bl-użu ta 'sikkina, aqta' ċ-ċentru tal-frott tul il-ġnub ta 'kull segment biex teħlisha mill-pith. Poġġi l-kunjardi fi skutella bi kwalunkwe meraq akkumulat. Armi l-mudullun.

DENB TAL-AWWISTA MGHOLLI CAJUN B'AJOLI TARRAGON

GHAL PRANZU ROMANTIC GHAL TNEJN,DIN IR-RIĊETTA FAĊILMENT TINQATA' BIN-NOFS. UŻA MQASSIJIET TAL-KĊINA LI JAQTGHU HAFNA BIEX TNAQQAS IL-QOXRA MID-DNUB TAL-AWWISTA GHAL LAHAM B'TOGHMA RIKKA.

2 Riċetti għat-tħawwir Cajun (araf<u>riċetta</u>)

12-il sinna tat-tewm, imqaxxra u maqtugħa min-nofs

2 lumi, maqtugħin bin-nofs

2 karrotti kbar, imqaxxra

2 zkuk tal-karfus imqaxxra

2 bozoz tal-bużbież, maqtugħin fi flieli irqaq

1 libbra faqqiegħ sħiħ

4 dnub tal-awwista Maine, 7 sa 8 uqija

4 skewers tal-bambu ta '8 pulzieri

½ tazza Paleo Aïoli (Mayo bit-tewm) (araf<u>riċetta</u>)

¼ tazza mustarda stil Dijon (araf<u>riċetta</u>)

2 imgħaref tarragon frisk jew tursin, maqtugħ fi strixxi

1. F'kazzola ta '8-quart, għaqqad 6 tazzi ilma, tħawwir Cajun, tewm u lumi. Ħallih jagħli; għalli għal 5 minuti. Naqqas is-sħana biex iżżomm il-likwidu ttektek.

2. Aqta' l-karrotti u l-karfus f'erba' biċċiet. Żid karrotti, karfus, u bużbież mal-likwidu. Għatti u sajjar għal 10 minuti. Żid faqqiegħ; għatti u sajjar għal 5 minuti. Bl-użu ta' mgħarfa mqaxxra, ittrasferixxi l-ħaxix għal skutella tas-servizz; iżżomm sħun.

3. Ibda mit-tarf tal-ġisem ta' kull denb tal-awwista, żżerżaq
   skewer bejn il-laħam u l-qoxra, u tmur kważi sal-aħħar.
   (Dan se jżomm id-denb milli jindawwar hekk kif issajjar.)
   Naqqas is-sħana. Sajjar id-dnub tal-awwista fil-likwidu li
   jtektek f'borma għal 8 sa 12-il minuta jew sakemm il-qxur
   ikunu ħomor jgħajjat u l-laħam ikun delikat meta mtaqqab
   b'furketta. Neħħi l-awwista mill-likwidu tat-tisjir. Uża
   xugaman tal-platti biex iżżomm id-denb tal-awwista
   flimkien u neħħi u armi l-iskewers.

4. Fi skutella żgħira, ħallat flimkien il-Paleo Alioli, il-Mustarda
   Dijon, u l-estragun. Servi bl-awwista u l-ħaxix.

MASKLI MOQLI BL-AIOLI TAŻ-ŻAGHFRAN

BIDU SA TMIEM: 1¼ SIEGHA RENDIMENT: 4 PORZJONIJIET

DIN HIJA VERZJONI PALEO TAL-KLASSIKA FRANCIZAMUSSELS STEAMED FL-INBID ABJAD U HXEJJEX AROMATICI U AKKUMPANJATI MINN CHIPS TAL-PATATA BOJOD IRQIQ U IQARMEC. ARMI L-MASKLI LI MA JAGHLQUX QABEL IT-TISJIR U L-MASKLI LI MA JINFETHUX WARA T-TISJIR.

FRITES TAL-PASNIP

1½ libbra parsnips, imqaxxra u maqtugħa f'julienne ta' 3 × ¼ pulzier

3 imgħaref żejt taż-żebbuġa

2 sinniet tat-tewm ikkapuljat

¼ kuċċarina bżar iswed

⅛ kuċċarina bżar cayenne

AJOLI TAZ-ZAGHFRAN

⅓ tazza Paleo Alioli (mayonnaise tat-tewm) (arariċetta)

⅛ kuċċarina ħjut taż-żagħfran, imfarrak bil-mod

IL-MASKLI

4 imgħaref żejt taż-żebbuġa

½ tazza shalots mqattgħin fin

6 sinniet tat-tewm, ikkapuljat

¼ kuċċarina bżar iswed

3 tazzi inbid abjad niexef

3 fr.iegħi kbar ta' tursin tal-weraq ċatt

4 liri molluski, imnaddfa u mqaxxra*

¼ tazza tursin Taljan frisk (weraq ċatt) imqatta'

2 imgħaref estragun frisk imqatta' (mhux obbligatorju)

1. Għal fries tal-pasnip, saħħan minn qabel il-forn għal 450 ° F. Xarrab parsnips maqtugħ f'ilma kiesaħ biżżejjed biex ikopri fil-friġġ għal 30 minuta; ixxotta u nixxef b'xugamani tal-karti.

2. Ħalli folja kbira tal-ħami bil-karta parċmina. Poġġi l-pasnips fi skutella kbira żejjed. Fi skutella żgħira, għaqqad 3 imgħaref żejt taż-żebbuġa, 2 sinniet tat-tewm ikkapuljat, ¼ kuċċarina kull bżar iswed, u bżar cayenne; ferrex bil-passnips u itfa biex iksi. Irranġa l-pasnips f'saff uniformi fuq il-folja tal-ħami ppreparata. Aħmi għal 30 sa 35 minuta jew tender u għadu kemm jibda kannella, ħawwad kultant.

3. Għall-aioli, fi skutella żgħira ħallat flimkien il-Paleo aioli u ż-żagħfran. Għatti u friġġ sakemm isservi.

4. Sadanittant, f'kazzola ta' 6 sa 8 kwarti jew forn Olandiż, saħħan l-4 imgħaref taż-żejt taż-żebbuġa fuq nar medju. Żid shalots, 6 sinniet tewm, u ¼ kuċċarina bżar iswed; sajjar madwar 2 minuti jew sakemm artab u dbiel, ħawwad spiss.

5. Żid l-inbid u l-friegħi tat-tursin fil-borma; ħalli jagħli. Żid il-maskli, ħawwad ftit drabi. Għatti sewwa u fwar għal 3 sa 5 minuti jew sakemm il-qxur biss jinfetħu, ħawwad bil-mod darbtejn. Armi l-maskli li ma jinfetħux.

6. Bl-użu ta 'kuċċarina mqaxxra kbira, ittrasferixxi l-maskli għal platti tas-soppa baxxi. Neħħi u armi l-friegħi tat-tursin mill-likwidu tat-tisjir; Ladle likwidu tat-tisjir fuq il-maskli. Roxx bit-tursin imqatta' u, jekk mixtieq, tarragon.

Servi immedjatament maċ-ċipps tal-pasnip u l-aioli taż-żagħfran.

* Tip: Sajjar il-maskli fl-istess jum li tixtrihom. Jekk tuża mussels maħsuda fis-selvaġġ, xarrabhom fi skutella ilma kiesaħ għal 20 minuta biex tgħin biex tneħħi r-ramel u ż-żrar. (Dan mhux meħtieġ għall-maskli mrobbija fir-razzett.) Permezz ta' pinzell iebes, għorok il-maskli, wieħed wieħed, taħt ilma ġieri kiesaħ. Mussels tal-mustarda madwar 10 sa 15-il minuta qabel sajjarhom. Id-daqna hija l-grupp żgħir ta 'fibri li joħorġu mill-qoxra. Biex tneħħi l-beards, aqbad is-sekwenza bejn is-saba 'l-kbir u l-werrej u iġbed lejn iċ-ċappetta. (Dan il-metodu mhux se joqtol il-masklu.) Tista 'wkoll tuża tnalji jew pinzetti tal-ħut. Kun żgur li l-qoxra ta' kull mussell tkun magħluqa sewwa. Jekk hemm qxur miftuħa, tektekhom bil-mod fuq il-bank. Armi l-maskli li ma jagħlqux fi ftit minuti.

ARZELL MAĦRUQ BIZ-ZALZA TAL-PITRAVI

IBDA SAT-TMIEM:30 minuta jagħmel: 4 porzjonijietRITRATT

GĦAL QOXRA TAD-DEHEB SABIĦA,KUN ŻGUR LI L-WIĊĊ TAL-ARZELL IKUN VERAMENT NIEXEF, U T-TAĠEN IKUN JAĦRAQ, QABEL MA ŻŻIDHOM MAT-TAĠEN. UKOLL, ĦALLI L-ARZELL KANNELLA MHUX DISTURBAT GĦAL 2-3 MINUTI, IĊĊEKKJA BIR-REQQA QABEL MA TAQLEB.

1 libbra arzell frisk jew iffriżat, nixxef b'xugamani tal-karti

3 pitravi ħomor medji, imqaxxra u maqtugħa f'biċċiet

½ tuffieħ Granny Smith, imqaxxar u mqatta'

2 jalapeños, biż-zokk, miżrugħa, u mqattgħin (aratilt)

¼ tazza cilantro frisk imqatta

2 imgħaref basla ħamra mqatta' fin

4 imgħaref żejt taż-żebbuġa

2 imgħaref meraq tal-ġir frisk

Bżar abjad

1. Ħoll l-arzell, jekk iffriżat.

2. Għall-dressing tal-pitravi, fi skutella medja, għaqqad il-pitravi, it-tuffieħ, il-jalapeños, il-cilantro, il-basla, 2 imgħaref żejt taż-żebbuġa, u meraq tal-ġir. Ħallat sew. Warrab waqt li tipprepara l-arzell.

3. Laħlaħ l-arzell; nixxef b'xugamani tal-karti. Fi skillet kbira, saħħan iż-2 imgħaref li jifdal żejt taż-żebbuġa fuq nar medju-għoli. Żid l-arzell; salte 4 sa 6 minuti jew sakemm dehbi fuq barra u ftit opak. Roxx l-arzell ħafif bil-bżar abjad.

4. Biex isservi, aqsam iz-zalza tal-pitravi indaqs fost il-platti tas-servizz; top bl-arzell. Servi immedjatament.

SCALLOPS GRILLED BIL-ĦJAR DILL ZALZA

XOGĦOL TAD-DAR:35 minuta kiesaħ: 1 sa 24 siegħa grill: 9 minuti rendimenti: 4 porzjonijiet

HAWN TIP BIEX TIKSEB L-AKTAR AVOKADO PERFETT:IXTRIHOM META JKUNU ĦODOR QAWWI U IEBES, IMBAGĦAD ĦALLIHOM JIMMATURAW FUQ IL-BANK GĦAL FTIT JIEM, SAKEMM JAGĦTU FTIT META TAGĦFAS ĦAFIF B'SUBGĦAJK. META JKUNU IEBSA U IMMATURI, MA JITBENĠLUX WAQT IT-TRANŻITU MIS-SUQ.

12 sa 16-il arzell frisk jew iffriżat (1¼ sa 1¾ libbra totali)

¼ tazza żejt taż-żebbuġa

4 sinniet tat-tewm, ikkapuljat

1 kuċċarina bżar iswed mitħun frisk

2 zucchini medji, imqatta' u mqattgħin bin-nofs tul

½ ħjar medju, imqatta' bin-nofs għat-tul u mqatta' rqiq minn naħa l-oħra

1 avokado medju, imqatta' bin-nofs, bil-għadma, imqaxxar u mqatta'

1 tadam medju, bil-qalba, miżrugħa u mqatta'

2 kuċċarini mint frisk imqatta

1 kuċċarina xibt frisk imqatta

1. Ħoll l-arzell, jekk iffriżat. Laħlaħ l-arzell taħt ilma kiesaħ; nixxef b'xugamani tal-karti. Fi skutella kbira, għaqqad 3 imgħaref taż-żejt, it-tewm, u ¾ kuċċarina tal-bżar. Żid l-arzell; itfa bil-mod biex tiksi. Għatti u kessaħ għal mill-inqas siegħa jew sa 24 siegħa, ħawwad bil-mod kultant.

2. Ixkupilja n-nofsijiet tal-zucchini biż-żejt tablespoon li fadal; sprinkle b'mod uniformi ma' ¼ kuċċarina bżar li jifdal.

3. Ixxotta l-arzell, armi l-immarinar. Ħajta żewġ skewers ta' 10 sa 12-il pulzier minn ġo kull arzell, billi tuża 3 sa 4 arzell

għal kull par skewers u ħalli vojt ta' ½ pulzier bejn l-arzell. * (Il-kamin tal-arzell fuq żewġ skewers jgħin biex iżżommhom stabbli meta tixxerja u ddawwar.)

4. Għal grill tal-faħam jew tal-gass, poġġi l-iskewers tal-arzell u n-nofsijiet tal-zucchini fuq il-grill direttament fuq sħana medja. ** Għatti u sajjar sakemm l-arzell ikunu opaki u l-zucchini jkunu teneri, iddawwar f'nofs il-grill. Ħalli 6 sa 8 minuti għall-arzell u 9 sa 11-il minuta għall-zucchini.

5. Sadanittant, għaż-zalza, fi skutella medja għaqqad ħjar, avokado, tadam, nagħniegħ, u xibt. Ħallat bil-mod biex tgħaqqad. Irranġa 1 skewer arzella fuq kull wieħed mill-erba 'platti li jservu. Aqta 'djagonali nofsijiet zucchini crosswise fin-nofs u żid mal-platti bl-arzell. Ferra t-taħlita tal-ħjar indaqs fuq l-arzell.

* Tip: Jekk tuża skewers tal-injam, xarrabhom f'ilma biżżejjed biex tgħattihom għal 30 minuta qabel tuża.

** Biex grill: Ipprepara kif ordnat fil-Pass 3. Poġġi l-iskewers tal-arzell u n-nofsijiet tal-zucchini fuq xtilliera mhux imsaħħan ta 'xiwi. Grill 4 sa 5 pulzieri mis-sħana sakemm l-arzell ikunu opaki u l-zucchini jkunu offerti, iduru darba fin-nofs tat-tisjir. Ħalli 6-8 minuti għall-arzell u 10-12-il minuta għall-zucchini.

ARZELL GRILLED BIT-TADAM, ŻEJT TAŻ-ŻEBBUĠA U ZALZA TAL-ĦXEJJEX

XOGĦOL TAD-DAR:Ħin ta' sajjar ta' 20 minuta: 4 minuti rendiment: 4 porzjonijiet

IZ-ZALZA HIJA KWAŻI BĦAL VINAIGRETTE SĦUNA.IŻ-ŻEJT TAŻ-ŻEBBUĠA, IT-TADAM IMQATTA FRISK, IL-MERAQ TAL-LUMI U L-ĦXEJJEX HUMA MAGĦQUDA U MSAĦĦAN BIL-MOD ĦAFNA, BISS BIŻŻEJJED BIEX JINGĦAQDU T-TOGĦMIET, IMBAGĦAD SERVUTI MA 'ARZELL MAĦRUQA U INSALATA TQARMEĊ TAL-ĠIRASOL SPROUT.

SCALLOPS U ZALZA

1 sa 1½ libbra arzell kbar, friski jew iffriżati (madwar 12)

2 tadam kbar roma, imqaxxra, *żerriegħa u mqatta'

½ tazza żejt taż-żebbuġa

2 imgħaref meraq tal-lumi frisk

2 imgħaref ħabaq frisk imqatta

1 sa 2 kuċċarini ċavella mqatta' fin

1 tablespoon żejt taż-żebbuġa

INSALATA

4 tazzi sprouts tal-ġirasol

1 lumi maqtugħa f'kunjardi

Żejt taż-żebbuġa extra verġni

1. Ħoll l-arzell, jekk iffriżat. Laħlaħ l-arzell; Naf. Imwarrab.

2. Għaż-zalza, f'kazzola żgħira għaqqad it-tadam, ½ tazza żejt taż-żebbuġa, meraq tal-lumi, ħabaq, u ċassa; imwarrba.

3. Fi skillet kbira, saħħan 1 tablespoon taż-żejt taż-żebbuġa fuq nar medju-għoli. Żid l-arzell; sajjar 4 sa 5 minuti jew sakemm dehbi u opak, iddawwar darba f'nofs it-tisjir.

4. Għall-insalata, poġġi n-nebbieta fi skutella li sservi. Agħfas il-kunjardi tal-lumi fuq in-nebbieta u dawwar bi ftit żejt taż-żebbuġa. Ħallat biex tqabbel.

5. Saħħan iz-zalza fuq nar baxx sakemm tissaħħan; tagħlix. Biex isservi, mgħarfa ftit miz-zalza fin-nofs tal-platt; fuq bi 3 mill-arzell. Servi bl-insalata tan-nebbieta.

* Tip: Biex titqaxxar faċli tadam, poġġiha f'borma ilma jagħli għal 30 sekonda sa minuta jew sakemm il-ġilda tibda tinqasam. Neħħi t-tadam mill-ilma jagħli u immedjatament daħħalha fi skutella ilma silġ biex twaqqaf il-proċess tat-tisjir. Meta t-tadam ikun jibred biżżejjed biex jimmaniġġa, neħħi l-ġilda.

PASTARD INKALJAT BIL-KUMUN BIL-BUŻBIEŻ U L-BASAL TAL-PERLA

XOGĦOL TAD-DAR:15-il minuta sajjar: 25 minuta rendiment: 4 porzjonijietRITRATT

ĦEMM XI ĦAĠA PARTIKOLARMENT JITĦAJJARDWAR IL-KOMBINAZZJONI TA 'PASTARD INKALJAT U L-TOASTY, TOGĦMA EARTHY TAL-KEMMUN. DAN ID-DIXX GĦANDU L-ELEMENT MIŻJUD TA 'ĦLEWWA MILL-GOOSEBERRIES IMNIXXFA. JEKK TIXTIEQ, TISTA 'ŻŻID FTIT SĦANA MA' ¼ SA ½ KUĊĊARINA BŻAR AĦMAR IMFARRAK FLIMKIEN MAL-KEMMUN U L-PASSOLINA FIL-PASS 2.

3 imgħaref żejt tal-ġewż mhux raffinat

1 pastard tar-ras medja, maqtugħa f'floretti (4 sa 5 tazzi)

2 irjus ta 'bużbież, imqatta' oħxon

1½ tazza basal tal-perla iffriżat, imdewweb u mneħħi

¼ tazza gooseberries imnixxfa

2 kuċċarini kemmun mitħun

xibt frisk imqatta' (mhux obbligatorju)

1. Fi skillet extra-kbira, saħħan iż-żejt tal-ġewż fuq sħana medja. Żid il-pastard, il-bużbież, u l-basal tal-perla. Għatti u sajjar għal 15-il minuta, ħawwad kultant.

2. Naqqas is-sħana għal medju-baxx. Żid il-passolina u l-kemmun mal-skillet; sajjar, mikxuf, madwar 10 minuti jew sakemm il-pastard u l-bużbież ikunu teneri u dehbi. Jekk mixtieq, żejjen bix-xibt.

ZALZA CHUNKY TAT-TADAM U L-BRUNĠIEL BI SPAGHETTI SQUASH

XOGĦOL TAD-DAR:30 minuta sajjar: 50 minuta kessaħ: 10 minuti sajjar: 10 minuti taġħmel: 4 porzjonijiet

DAN IL-PLATT TAL-ĠENB PIKKANTI JINQALEB FAĊILMENT.FI PLATT EWLIENI. ŻID MADWAR LIBBRA TAĊ-ĊANGA MITĦUN JEW BISON IMSAJJAR MAT-TAĦLITA TAL-BRUNĠIEL U T-TADAM WARA LI TGĦAFFEĠHA ĦAFIF B'MASH TAL-PATATA.

1 spaghetti squash, 2 sa 2½ liri

2 imgħaref żejt taż-żebbuġa

1 tazza ta 'brunġiel imqaxxar u mqatta'

¾ tazza basla mqatta

1 bżar qampiena aħmar żgħir, imqatta' (½ tazza)

4 sinniet tat-tewm, ikkapuljat

4 tadam aħmar misjur medju, imqaxxar jekk mixtieq u mqatta' oħxon (madwar 2 tazzi)

½ tazza ħabaq frisk imqatta'

1. Saħħan minn qabel il-forn għal 375 ° F. Line folja tal-ħami żgħira b'karta parċmina. Aqta' l-ispagetti squash min-nofs fuq il-linja. Uża mgħarfa kbira biex tobrox iż-żerriegħa u l-ispag. Poġġi n-nofsijiet squash, maqtugħin naħat 'l isfel, fuq folja tal-ħami ppreparata. Aħmi, mikxuf, minn 50 sa 60 minuta jew sakemm l-isquash ikun sarra. Ħallih jiksaħ fuq xtilliera għal madwar 10 minuti.

2. Sadanittant, fi skillet kbira, saħħan iż-żejt taż-żebbuġa fuq nar medju. Żid il-basla, il-brunġiel u l-bżar qampiena; sajjar minn 5 sa 7 minuti jew sakemm il-ħxejjex ikunu teneri, ħawwad kultant. Żid it-tewm; sajjar u ħawwad 30 sekonda oħra. Żid it-tadam; sajjar minn 3 sa 5 minuti jew

sakemm it-tadam jirtab, waqt li ħawwad kultant. Bl-użu ta' maxx tal-patata, agħfas it-taħlita ħafif. Żid nofs il-ħabaq. Għatti u sajjar għal 2 minuti.

3. Uża holder jew xugaman biex iżżomm in-nofsijiet tal-qara ħamra. Uża furketta biex tobrox il-laħam tal-qara ħamra fi skutella medja. Aqsam l-isquash fost erba 'platti tas-servizz. Top indaqs biz-zalza. Roxx bil-ħabaq li jifdal.

FAQQIEGĦ PORTOBELLO MIMLI

XOGĦOL TAD-DAR:35 minuta bake: 20 minuta sajjar: 7 minuti rendiment: 4 porzjonijiet

GĦALL-PORTOBELLOS L-AKTAR FRISKI,TFITTEX FAQQIEGĦ LI GĦAD GĦANDHOM IZ-ZKUK INTATTI. IL-GARĠI GĦANDHOM JIDHRU NIEDJA IŻDA MHUX IMXARRBA JEW ISWED U JKOLLHOM VOJT TAJJEB BEJNIETHOM. BIEX TIPPREPARA KWALUNKWE TIP TA 'FAQQIEGĦ GĦAT-TISJIR, IMSAĦ NADIF B'XUGAMAN TAL-KARTA KEMMXEJN NIEDJA. QATT TPOĠĠI FAQQIEGĦ TAĦT L-ILMA JEW TGĦADDASHOM FL-ILMA; HUMA ASSORBENTI ĦAFNA U SE JSIRU ARTAB U MXARRBA BL-ILMA.

4 faqqiegħ portobello kbir (madwar libbra totali)

¼ tazza żejt taż-żebbuġa

1 tablespoon taħwir affumikat (ara riċetta)

2 imgħaref żejt taż-żebbuġa

½ tazza shalots mqattgħin

1 tablespoon tewm ikkapuljat

1 libbra chard Svizzera, biż-zokk u mqatta' (madwar 10 tazzi)

2 kuċċarini ħwawar Mediterranju (ara riċetta)

½ tazza ravanell imqatta'

1. Saħħan minn qabel il-forn għal 400 ° F. Neħħi zkuk mill-faqqiegħ u rriżerva għall-Pass 2. Uża t-tarf ta 'kuċċarina biex tobrox il-garġi mill-brieret; armi l-garġi. Poġġi tappijiet tal-faqqiegħ f'dixx tal-ħami rettangolari ta '3-quart; ixkupilja ż-żewġ naħat tal-faqqiegħ b'¼ tazza żejt taż-żebbuġa. Dawwar il-brieret tal-faqqiegħ sabiex il-ġnub taz-zokk ikunu jħarsu 'l fuq sprinkle bil-ħwawar tad-duħħan. Għatti d-dixx tal-ħami bil-fojl tal-aluminju. Aħmi, mgħottija, madwar 20 minuta jew sakemm issir offerta.

2. Sadanittant, aqta zkuk tal-faqqiegħ riservati; imwarrba. Biex tipprepara chard Svizzera, neħħi l-kustilji ħoxnin mill-weraq u armi. Qatta' l-weraq tas-chard f'biċċiet kbar.

3. Fi skillet extra-kbira, saħħan iż-2 imgħaref taż-żejt taż-żebbuġa fuq sħana medja. Żid l-iscalots u t-tewm; sajjar u ħawwad 30 sekonda. Żid iz-zkuk tal-faqqiegħ imqattgħin, il-chard Svizzera mqatta', u t-tħawwir tal-Mediterran. Sajjar, mikxuf, 6 sa 8 minuti jew sakemm iċ-chard tkun delikata, ħawwad kultant.

4. Aqsam it-taħlita tal-chard bejn it-tappijiet tal-faqqiegħ. Idlek il-likwidu li jifdal fid-dixx tal-ħami fuq il-faqqiegħ mimli. Fuq b'ravanell imqatta'.

RADICCHIO INKALJAT

RADICCHIO JITTIEKEL ĦAFNA DRABIBĦALA PARTI MINN INSALATA BIEX TIPPROVDI IMRAR SABIĦ FOST IL-ĦAXIX IMĦALLAT, IŻDA TISTA 'WKOLL TKUN INKALJATA JEW GRILLED WAĦEDHA. MRAR ŻGHIR HUWA INERENTI FIR-RADICCHIO, IMMA MA TRIDX LI TKUN OVERPOWERING. FITTEX BLANZUNI IŻGHAR LI L-WERAQ TAGĦHOM JIDHRU FRISKI U IQARMEĊ, MHUX IMDBIEL. IT-TARF MAQTUGĦ JISTA 'JKUN FTIT KANNELLA, IŻDA GHANDU JKUN L-AKTAR ABJAD. F'DIN IR-RIĊETTA, DAQQA TA' ĦALL BALSAMIKU QABEL MA SSERVI ŻŻID DAQQA TA' ĦLEWWA.

2 irjus kbar taċ-ċikwejra

¼ tazza żejt taż-żebbuġa

1 kuċċarina tħawwir Mediterranju (ara riċetta)

¼ tazza ħall balsamiku

1. Saħħan minn qabel il-forn għal 400 ° F. Aqta r-radicchio fi kwarti, u ħalli parti mill-qalba mwaħħla (għandu jkollok 8 kunjardi). Ħassar il-ġnub maqtugħin tal-flieli tar-radicchio biż-żejt taż-żebbuġa. Poġġi kunjardi, naħat maqtugħin 'l isfel, fuq folja tal-ħami; roxx bil-ħwawar Mediterranju.

2. Ixwi madwar 15-il minuta jew sakemm ir-radicchio jinxi, iddawwar darba f'nofs l-inkaljar. Irranġa r-radicchio fuq platt tas-servizz. Drixx bil-ħall balsamiku; iservu immedjatament.

BUŻBIEŻ INKALJAT BIL-VINAIGRETTE ORANĠJO

XOGĦOL TAD-DAR:25 minuta mixwi: 25 minuta rendiment: 4 porzjonijiet

ĦLIEF KULL VINAIGRETTE LI JKUN FADAL BIEX TARMIMA 'INSALATA ĦODOR, JEW SERVI MA' MAJJAL GRILLED, TJUR JEW ĦUT. AĦŻEN VINAIGRETTE FDAL F'KONTENITUR MIKSI SEWWA FIL-FRIĠĠ SA 3 IJIEM.

6 tablespoons żejt taż-żebbuġa extra verġni, flimkien ma' aktar għat-tfarfir

1 bozza kbira tal-bużbież, mirquma, bil-qalba, u maqtugħa f'kunjardi (irriżerva l-weraq għal żejjen jekk mixtieq)

1 basla ħamra, maqtugħa f'kunjardi

½ oranġjo, maqtugħ fi flieli rqaq

½ tazza meraq tal-larinġ

2 imgħaref ħall tal-inbid abjad jew ħall tax-xampanja

2 imgħaref tat-tuffieħ

1 kuċċarina żerriegħa tal-bużbież mitħun

1 kuċċarina qoxra tal-larinġ maħkuka fin

½ kuċċarina mustarda stil Dijon (araricetta)

Bżar iswed

1. Saħħan minn qabel il-forn għal 425 ° F. Agħfas folja kbira tal-ħami ħafif biż-żejt taż-żebbuġa. Irranġa bużbież, basla, u flieli tal-larinġ fuq folja tal-ħami; drixx b'2 imgħaref żejt taż-żebbuġa. Itfa l-ħaxix bil-mod biex iksihom biż-żejt.

2. Grill ħxejjex għal 25 sa 30 minuta jew sakemm il-ħxejjex ikunu teneri u kannella ħafif, iduru darba f'nofs ix-xiwi.

3. Sadanittant, għall-vinaigrette tal-larinġ, ġo blender, għaqqad il-meraq tal-larinġ, ħall, sidru tat-tuffieħ, żerriegħa tal-bużbież, qoxra tal-larinġ, mustarda ta' Dijon, u bżar għat-

togħma. Bil-blender jaħdem, żid bil-mod l-4 imgħaref żejt
taż-żebbuġa li jifdal fi nixxiegħa rqiqa. Kompli ħawwad
sakemm il-vinaigrette teħxen.

4. Ittrasferixxi l-ħaxix għal platt li jservi. Idlek il-ħaxix bi ftit
vinaigrette. Jekk mixtieq, żejjen bil-friegħi tal-bużbież
riżervati.

KABOCCA SAVOY STIL PUNGABI

XOGĦOL TAD-DAR:20 minuta kok: 25 minuta rendiment: 4 porzjonijietRITRATT

HUWA AQWA X'JIĠRIGĦAL KABOĊĊA BLA PREŻUNZJONI LI TKUN HAFIFA FIT-TOGĦMA META TKUN IMSAJRA BIL-ĠINĠER, TEWM, CHILI, U ĦWAWAR INDJAN. MUSTARDA INKALJATA, KOSBOR U ŻRIERAGĦ TAL-KEMMUN JAGĦTU DAN ID-DIXX KEMM TOGĦMA KIF UKOLL CRUNCH. OQGĦOD ATTENT: HUWA SHUN! IĊ-CHILES TAL-MUNQAR TAL-GĦASAFAR HUMA ŻGĦAR IŻDA QAWWIJA ĦAFNA, U D-DIXX JINKLUDI WKOLL JALAPENO. JEKK TIPPREFERI INQAS PIKKANTI, UŻA BISS IL-JALAPENO.

1 pum ta' 2 pulzieri ġinġer frisk, imqaxxar u mqatta' fi flieli ta' ⅓ pulzier

5 sinniet tat-tewm

1 jalapeno kbir, biż-zokk, miżrugħ, u mqatta' bin-nofs (aratilt)

2 kuċċarini garam masala bla melħ miżjud

1 kuċċarina turmeric mitħun

½ tazza brodu tal-għadam tat-tiġieġ (araricetta) jew brodu tat-tiġieġ mingħajr melħ

3 imgħaref żejt tal-ġewż raffinat

1 tablespoon żerriegħa tal-mustarda sewda

1 kuċċarina żerriegħa tal-kosbor

1 kuċċarina żerriegħa kemmun

1 ċilju b'munqar ta' għasfur sħiħ (chile de arbol) (aratilt)

1 stick tal-kannella ta' 3 pulzieri

2 tazzi basal isfar imqatta' rqiq (madwar 2 medji)

12-il tazza kaboċċa tal-kaboċċi, bil-qalba, imqatta' rqiq (madwar 1½ libbra)

½ tazza cilantro frisk imqatta' (mhux obbligatorju)

1. F'food processor jew blender, għaqqad il-ġinġer, tewm, jalapeño, garam masala, turmeric, u ¼ tazza tal-brodu tal-għadam tat-tiġieġ. Għatti u ipproċessa jew ħallat sakemm tkun lixxa; imwarrba.

2. Fi skillet kbir żejjed, għaqqad iż-żejt tal-ġewż, iż-żerriegħa tal-mustarda, iż-żerriegħa tal-kosbor, iż-żerriegħa tal-kemmun, il-bżar taċ-chili, u l-kannella. Sajjar fuq nar medju-għoli, ħawwad it-taġen ta' spiss, għal 2 sa 3 minuti jew sakemm il-qasba tal-kannella tiżvolġi biss (oqgħod attent, iż-żerriegħa tal-mustarda titfa' u titfaċċa hekk kif issajjar). Żid basal; sajjar u ħawwad għal 5 sa 6 minuti jew sakemm il-basal ikun kannella ħafif. Żid it-taħlita tal-ġinġer. Sajjar, 6 sa 8 minuti, jew sakemm it-taħlita tkun karamelizzata sew, ħawwad spiss.

3. Żid il-kaboċċi u l-bqija tal-brodu tal-għadam tat-tiġieġ; ħawwad sew. Għatti u sajjar madwar 15-il minuta jew sakemm il-kaboċċa tkun delikata, ħawwad darbtejn. Ikxef it-taġen. Sajjar u ħawwad għal 6 sa 7 minuti jew sakemm il-kaboċċa tismar ftit u l-brodu tal-għadam tat-tiġieġ żejjed ikun evaporat.

4. Neħħi u armi l-kannella u ċ-ċile. Jekk mixtieq, sprinkle bil-cilantro.

BUTTERNUT SQUASH INKALJAT BIL-KANNELLA

XOGĦOL TAD-DAR:20 minuta mixwi: 30 minuta Rendiment: 4 sa 6 porzjonijiet

NISKATA BŻAR CAYENNETAGĦTI DAWN IL-KUBI ĦELWIN TA' 'SQUASH INKALJAT BISS ĦJIEL TA' SHANA. ĦUWA FAĊLI LI TAQBEŻ JEKK TIPPREFERI. SERVI DAN ID-DIXX TAL-ĠENB SEMPLIĊI MA' MAJJAL MIXWI JEW CHOPS TAL-MAJJAL.

1 squash butternut (madwar 2 liri), imqaxxar, żerriegħa, u maqtugħ f'kubi ta' ¾ pulzier

2 imgħaref żejt taż-żebbuġa

½ kuċċarina kannella mitħun

¼ kuċċarina bżar iswed

⅛ kuċċarina bżar cayenne

1. Saħħan minn qabel il-forn għal 400 ° F. Fi skutella kbira, itfa l-qargħa biż-żejt taż-żebbuġa, il-kannella, il-bżar iswed u l-bżar cayenne. Ħalli folja kbira tal-ħami bir-rimm bil-karta parċmina. Ifrex l-isquash f'saff wieħed fuq il-folja tal-ħami.

2. Grill 30 sa 35 minuta jew sakemm l-isquash ikun sarr u dehbi madwar it-truf, ħawwad darba jew darbtejn.

ASPARAGU GRILLED BIL-BAJD MGĦARBEL U L-ĠEWŻ

IBDA SAT-TMIEM:15-il minuta jagħmel: 4 porzjonijiet

DIN HIJA VERŻJONI TA 'KLASSIKADIXX TAL-ĦAXIX FRANĊIŻ IMSEJJAĦ ASPARAGU MIMOSA, HEKK IMSEJJAĦ MINĦABBA LI L-AĦDAR, ABJAD U ISFAR TAD-DIXX LEST JIXBAH FJURA TAL-ISTESS ISEM.

1 libbra asparagu frisk, imqatta

5 imgħaref vinaigrette tat-tewm inkaljat (arariċetta)

1 bajda mgħollija iebsa, imqaxxra

3 imgħaref ġewż imqatta', mixwi (aratilt)

bżar iswed mitħun frisk

1. Poġġi xtilliera tal-forn 4 pulzieri mill-element tat-tisħin; saħħan minn qabel brojler fuq sħana għolja.

2. Ifrex l-ispraġ fuq folja tal-ħami. Drixx b'2 imgħaref vinaigrette tat-tewm inkaljat. Uża idejk, irrombla l-ispraġ biex iksi bil-vinaigrette. Grill għal 3 sa 5 minuti jew sakemm jirtab u jirtab, dawwar l-ispraġ kull minuta. Ittrasferixxi għal platt li jservi.

3. Aqta' l-bajda bin-nofs; agħfas il-bajda minn ġo passatur fuq l-ispraġ. (Tista 'wkoll ħakk il-bajda billi tuża t-toqob kbar ta' grater tal-kaxxa.) Idlek l-ispraġ u l-bajd mat-3 imgħaref li jifdal vinaigrette tat-tewm inkaljat. Top bil-ġewż u sprinkle bil-bżar.

CRISPY SLAW BIR-RAVANELL, MANGO, U MINT

3 imgħaref meraq tal-lumi frisk

¼ kuċċarina bżar cayenne

¼ kuċċarina kemmun mitħun

¼ tazza żejt taż-żebbuġa

4 tazzi kaboċċa mqatta

1½ tazza ravanell imqatta' rqiq ħafna

1 kikkra mango misjur imqatta'

½ tazza taċ-ċivell maqtugħ bias

⅓ tazza mint frisk imqatta

1. Għall-dekorazzjoni, fi skutella kbira, għaqqad il-meraq tal-lumi, il-bżar tal-cayenne, u l-kemmun mitħun. Żid iż-żejt taż-żebbuġa fi nixxiegħa rqiqa.

2. Żid kaboċċi, ravanell, mango, scallions, u nagħniegħ malilbies fi skutella. Ħallat sew biex tgħaqqad.

IL-KABOĊĊA INKALJATA TAL-ĦLEWWA TAL-LUMI

XOGĦOL TAD-DAR:10 minuti mixwi: 30 minuta Rendiment: 4 sa 6 porzjonijiet

3 imgħaref żejt taż-żebbuġa

1 kaboċċa medja, maqtugħa fi flieli ħxuna ta '1 pulzier

2 kuċċarini mustarda stil Dijon (araricetta)

1 kuċċarina qoxra tal-lumi maħkuka fin

¼ kuċċarina bżar iswed

1 kuċċarina żerriegħa tal-ħlewwa

Flieli tal-lumi

1. Saħħan minn qabel il-forn għal 400 ° F. Brush folja tal-ħami kbira bir-rimm b'1 tablespoon żejt taż-żebbuġa. Irranġa tondi tal-kaboċċi fuq folja tal-ħami; imwarrba.

2. Fi skutella żgħira, ħallat flimkien iż-2 imgħaref li jifdal żejt taż-żebbuġa, mustarda stil Dijon, u qoxra tal-lumi. Xkupilja l-flieli tal-kaboċċa fuq folja tal-ħami, u kun żgur li l-mustarda u l-qoxra tal-lumi jitqassmu b'mod uniformi. Roxx bżar u żerriegħa tal-ħlewwa.

3. Grill 30 sa 35 minuta jew sakemm il-kaboċċa tkun delikata u t-truf ikunu kannella dehbi. Servi bil-kunjardi tal-lumi biex tagħfas fuq il-kaboċċa.

KABOĊĊA INKALJATA B'DRIZZLE ORANĠJO U BALSAMIKU

XOGHOL TAD-DAR:15-il minuta mixwi: 30 minuta Rendiment: 4 porzjonijiet

3 imgħaref żejt taż-żebbuġa

1 kaboċċa tar-ras żgħira, bil-qalba u maqtugħa fi 8 kunjardi

½ kuċċarina bżar iswed

⅓ tazza ħall balsamiku

2 kuċċarini qoxra tal-lariġ maħkuka fin

1. Saħħan minn qabel il-forn għal 450 ° F. Agħsel folja tal-ħami kbira bir-rimm b'1 tablespoon żejt taż-żebbuġa. Irranġa l-flieli tal-kaboċċa fuq il-folja tal-ħami. Aħsel il-kaboċċa biż-2 imgħaref li jifdal żejt taż-żebbuġa u ferrex bil-bżar.

2. Grill il-kaboċċa għal 15-il minuta. Aqleb il-flieli tal-kaboċċa; Grill madwar 15-il minuta oħra jew sakemm il-kaboċċa tkun delikata u t-truf huma kannella dehbi.

3. F'kazzola żgħira, għaqqad il-ħall balsamiku u l-qoxra tal-lariġ. Ħallih jagħli fuq nar medju; tnaqqas. Ttektek, mikxuf, madwar 4 minuti jew sakemm jitnaqqas bin-nofs. Drixx fuq flieli kaboċċi inkaljati; iservu immedjatament.